KB196354

놓치고 싶지 않은
나의 꿈 나의 인생

2

놓치고 싶지 않은
나의 꿈 나의 인생 2

긍정의 힘

KEYS TO POSITIVE
THINKING

나폴레온 힐 지음 | 민승남 옮김

국일미디어

이 작은 책으로
당신의 인생을 바꿀 수 있다

———— 이 책은 성공의 열쇠 중 가장 중요한 요소인 긍정적인 마음가짐(PMA : Positive Mental Attitude)에 관한 이야기다. 이 책에서 조언하는 대로 긍정적인 마음과 자세로 무장하면 당신은 꿈을 실현하는 데 한발 더 가까이 다가서게 될 것이다.

성경을 보면 모세가 죽음을 맞이하기 전에 느보산에 올라 자신의 사명이 다했음을 인정하고 가나안을 바라보는 이야기가 나온다. 또한 하나님은 아브라함에게 "너는 눈을 들어 너 있는 곳에서 북쪽과 남쪽 그리고 동쪽과 서쪽을 바라보라"고 하신다. 그리고 바라보면 그 땅을 주겠다고 약속하셨다.

당신도 인생이 걸린 이 여정을 시작하기 전에 당신이 이르게 될 곳을 바라보아야 한다. 모세가 가나안을 바라본 것처럼, 아브라함이 눈을 들어 사방의 땅을 바라본 것처럼 당신도 당신의 꿈과 희망과 성공이 있는 곳을 바라보라. 이 여정이 끝나면 당신은 지금까지의 삶의 방식에 종지부를 찍고 새롭게 출발하게 될 것이다.

지금까지의 소모적이고 부정적인 세계관을 던져버리고, 긍정적인 마음가짐을 따르는 활기 넘치는 인생을 살게 될 것이다. 이제부터 긍정적인 마음가짐이 이뤄줄 희망, 그 희망의 이미지를 품자. 그리고 오늘부터 이렇게 상상하자.

- 나는 타고난 창조력이 있음을 깨달을 것이다.
- 나는 감정을 다스리는 힘을 길러 그 창조력을 유익하게 쓸 것이다.
- 나는 선입관이 가져오는 부정적 태도를 모두 버릴 것이다.
- 나는 창조력을 파괴할 뿐 아무런 도움도 되지 않는 두려움을 극복할 것이다.
- 나는 창조력이 유익하고 건설적인 틀 속에서만 표출되도록 내게 일어날 좋은 일들만 상상할 것이다.
- 나는 지나간 실패나 비극을 잊고 그것들이 내 인생에 되풀이되지 못하게 할 것이다.
- 나는 내가 진실로 원하는 일에 열정을 쏟을 것이다.
- 나는 긍정적인 마음가짐이 주는 창조력을 잘못 이용하면 나 자신과 내가 소중히 여기는 모든 것을 파괴할 수 있다는 것을 안다. 절대 이기적이거나 사악한 목적에 이

용하지 않을 것이다.

위에서 열거한 것은 당신이 천부적으로 부여받은 특권이다. 오늘부터 이것을 이루는 것을 목표로 삼고, 반드시 이루고야 말겠다는 집념으로 노력한다면 당신은 이미 성공의 반열에 들어선 것이나 다름 없다. 그러한 발걸음이 당신도 모르는 사이에 당신을 성공의 자리에 서있게 인도할 것이다.

| 차례 |

Think
And
Grow
Rich

PMA란
무엇인가

66

긍정적인 마음가짐은

자석이 쇠붙이를 끌어당기듯

좋은 결과를 끌어당긴다.

그것은 의심과 절망으로부터 당신을 지켜줄 것이며

당신에게 성공과 부를 안겨줄 것이다.

긍정적인 마음가짐은 당신이 역경을 만났을 때

좌절하는 것이 아니라 그 역경을 극복하게 하고,

성공으로 가는 길의 디딤돌로

삼을 수 있도록 해준다.

99

긍정적인 마음가짐은 상황을 바라보는 것이 아니라 '나는 할 수 있다. 나는 할 것이다'라고 생각하는 것이다. 긍정적인 마음가짐은 희망을 품게 하고 절망과 좌절을 이기도록 도와준다. 긍정적인 마음가짐을 가지면 도전적이고 열정적인 마음 상태를 유지할 수 있고, 자신이 인생에서 원하는 일을 이룰 수 있다.

　긍정적인 마음가짐을 지니면 자신과 타인에게 만족함을 느낄 수 있다. 당신은 자존심과 유익한 감정을 부추기는 내면의 공기, 내면의 빛, 내면의 느낌을 지니게 된다. 또한 부정적인 것을 물리치고 좋은 상황을 끌어당길 수 있다.

　그렇다면 긍정적인 마음을 가지려면 어떻게 해야 할까? 그것은 저절로 생기는 것이 아니다. 긍정적인 마음을 가지려면 지속적으로 노력하고 실천해야 한다. 그것은 그저 '그렇게 생각해야지'라고 마음먹는다고 해서 되는 것이 아니다. 어떤 상황이 오더라도 좌절하지 않도록 노력하며, 긍정적인 마음가짐을 반복적으로 실천하여 항상 몸에 배어 있는 습관이 되도록 해야 한다.

긍정적인 마음가짐을 일상적인 습관처럼 실천하다 보면 단추를 잠그거나 신발 끈을 매는 것처럼 의식하지 않아도 자연스럽게 저절로 할 수 있게 된다. 우리가 숨을 쉬는 것처럼 자연스러워진다. 하지만 그렇게 되기까지는 부단히 노력해야 한다.

뉴욕 주 북부에 이런 도로 표지판이 있다.

"신중히 선택하시오. 선택한 길로 16km를 달려야 합니다."

우리는 모두 습관의 지배를 받는다. 당신의 습관이 긍정적인 결과를 낳을지, 부정적인 결과를 낳을지는 당신의 선택에 달려 있다. 당신이 부정적인 생각을 선택한다면 부정적인 결과가 나올 것이고, 당신의 긍정적인 생각을 선택한다면 긍정적인 결과가 나올 것이다.

어떤 결과를 원하는가? 그것은 전적으로 당신의 선택에 달려 있다.

당신은 부정적인 생각에 지배당하지 않도록 선택할 수 있다. 나아가 부정적인 생각이나 충동이 고개를 들 때마다 긍정적으로 바꾸는 능력을 기를 수 있다. 긍정적인 마음가짐이 습관이 되면 당연히 당신의 마음이 더 기민해지고, 당신의 상상력이 더 활발해지고, 당신의 열정이 더 커지고, 당신의 의지력이 더 강해진다.

긍정적인 마음가짐은 자석이 쇠붙이를 끌어당기듯 좋은 결과를 끌어당긴다. 그것은 의심과 절망으로부터 당신을 지켜줄 것이며 당신에게 성공과 부를 안겨줄 것이다. 당신의 삶에 역경이 닥쳤을 때 좌절하지 않도록 보호하고 상황에 무릎 꿇지 않도록 지켜줄 것이다.

긍정적인 마음가짐은 당신이 역경을 만났을 때 좌절하는 것이 아니라 그 역경을 극복하게 하고, 성공으로 가는 길의 디딤돌로 삼을 수 있도록 해준다.

긍정적인 마음가짐은 당신의 감각을 통해 들어오는 모든 자극에 대한 이상적인 반응이다. 긍정적인 마음가짐만 가지면 생각도, 행동도, 타인이나 상황에 대한 반응도 올바르게 할 수 있다. 당신의 마음과 인생은 온전히 당신의 것으로, 당신이 합당하다고 여기는 방향으로 이끌어갈 수 있다.

긍정적인 마음가짐은 건설적으로 생각하고 행동하도록 가르친다. 당신은 긍정적인 마음가짐을 통해 당신이 원하는 것과 소망하는 것을 현실로 이룰 수 있다. 다른 사람이 위험에 빠지는 곳에서 당신은 그것을 기회 삼을 수 있는 법을 알게 된다.

영국 전 총리인 벤저민 디즈레일리의 "우리는 상황의 창조물이 아니라 상황의 창조자들이다"라는 철학을 행동으로 옮길 수 있다.

긍정적으로 행동하려면 자신에게 자극제가 되는 좌우명을 갖는 것이 좋다. 좌우명이란 당신의 마음에 와 닿고, 당신이 추구하는 목표를 일깨워주는 단어나 문구를 말한다. 긍정적인 마음가짐에 대한 좌우명을 정하여 매 순간 생각한다면 힘든 일이 있거나 좋지 않은 상황이 올지라도 긍정적인 마음을 갖고 행동할 수 있다.

하나가 잘되면 나머지도 잘 풀린다

당신은 다음 중 어떤 사람과 시간을 보내고 싶은가?

- 비관적이고, 의심이 많고, 침울하며, 하늘에 구름 한 점만 끼어도 태풍이 올 거라고 걱정하는 사람.
- 낙천적이고, 자신감 있고, 사교적이며, 문제를 바라보는 것이 아니라 해결책을 찾아내고, 이익을 최대화하는 사람.

긍정적인 마음가짐을 지니면 다른 사람과의 관계도 잘 풀리게 된다. 부정적인 사람 곁에는 부정적인 사람이, 긍정적인 사람 곁에는 긍정적인 사람이 모이게 된다. 내가 긍정적인 사람이어야 긍정적인 사람으로부터 도움을 얻을 수 있고, 장애를 극복할 수 있으며, 문제를 기회로 바꿀 방법을 찾아낼 수 있다.

좌우명 정하기

당신은 당신의 인생을 긍정적으로 바꿔줄 수 있을 만한 좌우명을 정해야 한다. 당신이 극복하고 싶은 부분이 어떤 것인지 정확히 파악하고 그것에 맞는 좌우명을 정하는 것이 좋다.

좌우명은 당신의 인생에서 매우 중요한 일부가 될 것이므로 가장 숭고한 신념을 반영하는 것으로 정해야 한다. 그리고 행동할 때 그 좌우명을 늘 생각한다면 당신은 언제나 그 신념에 부합하는 행동을 하게 될 것이다. 당신의 목표는 당신이 자신에 대해 말하는 당신과 진짜 당신이 합치된 '합동' 인격체가 되는 것이다.

이런 좌우명은 어떨까?

- 남이 당신에게 해주기를 바라는 대로 남에게 해줘라.
- 나는 건강하다. 나는 행복하다. 나는 신바람이 난다.
- 지금 당장 시작하라.
- 내가 생각하고 믿는 것은 내가 이룰 수 있는 것이다.
- 어떤 문제든 그 안에 해결의 실마리가 들어 있다.
- 만일이 아니라 '어떻게'가 중요하다.
- 승부는 큰 차이가 아니라 작은 차이에서 판가름 난다.
- 나는 할 수 있다. 나는 할 것이다.

하루에도 몇 번씩 당신의 좌우명을 소리 내어 말하라. 잠자리에 들기 전에 느낌과 감정을 담아 50번씩 반복하라. 좌우명을 써서 욕실 거울, 자동차 안, 책상 위의 달력, 냉장고 문, 지갑같이 눈에 잘 띄는 곳에 붙여 놓아라.

좌우명을 반복하면 반복할수록 당신의 습관이 될 것이다.

PMA란 무엇인가

PMA는 긍정적인 마음가짐과 태도를 나타내지만, 단지 낙관적인 인생관에 그치는 것이 아니다. PMA는 다음의 네 가지 과정을 포함한다.

1. 정직하고 균형 잡힌 사고방식
2. 성공적인 의식
3. 삶을 포용하는 철학
4. 바른 행동과 반응을 보이는 능력

나는 PMA를 이렇게 정의한다.

"자신이 선택하는 방법에 따라 자신의 의지를 관철하고, 자신에게 맞는 동기에 근거해서 삶을 만들고 지켜가는, 자신감에 차 있고 정직하며 건설적인 정신상태."

W. 클레먼트 스턴은 이렇게 덧붙였다.

"PMA는 주어진 상황, 즉 생각, 행동, 반응에 대한 하나님의 율법과 타인의 권리를 침해하지 않는 바르고 정직한 생각, 행동, 반응이다."

스턴의 설명은 더 자세히 이어진다.

"당신의 유전자, 환경, 육체, 의식과 무의식, 특정한 위치, 시간과 공간상의 방향, 그리고 알려지거나 알려지지 않은 힘들을 포함한 여러 요소의 산물이다. 당신이 PMA로 사고한다면 이 모든 요소를 이용하고 통제하고, 이들에게 영향을 미치고, 조화를 이루기도 하고, 무효화할 수도 있다. 당신은 생각을 지배하고, 감정을 통제하고, 운명을 결정할 수 있다. 당신은 육체를 지닌 정신이다."

그렇다면 PMA란 무엇인가? PMA의 개념을 형성하는 세 단어의 의미를 살펴보자.

'긍정적인(Positive)'은 정직, 믿음, 사랑, 성실, 희망, 낙관주의, 용기, 독창성, 관용, 근면, 친절 같은 '플러스' 특성이 가진 힘이다.

'마음(Mental)'은 육체의 힘이 아니라 정신의 힘이다. 당신은 육체를 지닌 정신임을 기억하라. 당신을 지배하는 힘은 당신의 마음 안에 들어 있다.

'가짐(Attitude)'은 기분 혹은 감정의 올바른 태도를 가리킨다. 가짐, 즉 태도는 자신이나 타인의 입장이나 상황에 대한 감정을 가리킨다.

'긍정적인 마음가짐'의 머리글자로 이루어진 PMA는 당신의 모든 플러스 특성을 하나로 묶는 끈이며, 하나님의 뜻에 어긋나거나 타인의 권리를 침해하지 않는다면 당신이 원하거나 행하는 모든 것을 이룰 수 있는 힘의 원천이다.

간단히 말하자면 긍정적인 마음가짐은 필연적으로 올바른 행동과 결과로 이어지는 올바른 사고방식이다.

PMA는 당신과 내가 인생의 폭풍 속에서 표류할 때 꼭 가져야 할 안전장치다. 배의 안전장치는 일종의 흡수장치로, 거친 바다에서 무서워하지 않고 앞으로 나아갈 수 있도록 지켜주고 힘을 준다. 나는 배의 안전장치 덕분에 사나운 파도가 이는 바다를 편하게 항해한 기억이 있다. 그보다 여러 해 전에 비슷한 경로를 항해했을 때 배에 안전장치가 없는 바람에 심하게 고생한 적이 있어서 미리 대비한 덕분이었다.

하지만 어떤 안전장치든 이용하지 않는다면 무용지물이다. PMA도 마찬가지다. 긍정적인 마음가짐을 가지고 행해야 한다. 자신의 인생과 일에서 긍정적인 마음가짐을 가지지 않는다면 불행해질 것이다. 인생의 거친 파도를 이겨내지 못하고 신경쇠약에 걸릴 것이다. 어디 그뿐인가? 고난이 닥칠 때마다 동료와 사랑하는 사람까지도 불행하게 한다.

부정적인 생각을 뿌리뽑고 긍정적인 생각을 가지는 것은 그 어떤 기계장치보다 월등히 성능이 우수하며 효율적이고 자연적인 안전장치를 이용하는 것이다. 당신은 긍정적인 마음가짐을 가짐으로 자기 생각을 지배하고, 감정을 통제하고, 자신의 운명을 결정할 수 있는 충분한 힘을 지닐 수 있다.

어떻게 할 것인가 : PMA 9단계

당신은 이 책에서 긍정적인 마음가짐을 기르고 유지하는 9단계 공식을 배울 것이다. 이 9단계는 단순히 PMA에 대해 가르쳐 주는 것에서 그치지 않고 당신이 긍정적인 마음가짐을 실행에 옮겨 삶의 일부로 만들 수 있도록 힘을 북돋워 줄 것이다.

배움에 대한 중국 속담이 하나 있다.

"귀로 듣는 건 쉽게 잊는다. 눈으로 보면 기억에 남는다. 실천하면 이해할 수 있다."

긍정적인 마음가짐을 기르고 유지하는 9단계는 보고 듣는 이상의 것, 바로 당신의 실천을 요구한다. 이 책에 요약된 대로 실천하면 당신은 매사에 긍정적이고 활기찬 사람이 될 수 있을 것이다.

PMA 9단계는 서로 복잡하게 얽혀 있고, 각 단계는 다른 단계를 강화하는 시스템으로 되어 있다. 생각해보라! 모든 영문학은 겨우 26개의 글자로 이루어진다. 모든 음악은 겨우 12개의 음표로 이루어지고, 모든 색은 3원색에서 나온다.

아주 작은 것에서 많은 것이 나온다. 글에서 알파벳 한 글자를 지운다면 어떻게 될까? 예를 들어 영어책에서 모음 'a'를 없앤다면 어떤 일이 벌어질까? 협주곡에서 음표 하나만 없애도 불협화음이 나올 것이다. 빨강, 노랑, 파랑 3원색 가운데 하나만 빠져도 원하는 색깔을 만들 수 없다.

이처럼 PMA 9단계 중에 하나라도 빠지면 안 된다. 9단계를 모두 습득하고 실천하는 것이 필요하다. 이 9단계는 PMA의 핵심이며, 실천을 통한 배움의 열쇠다.

이를 위해 이 책에서는 단계마다 그 단계가 당신의 정신구조에 통합되도록 돕는 '실천하며 배우며' 코너를 마련해 놓았으며, '긍정적인 마음가짐으로 꿈을 이룬 사람들의 이야기'를 실례로 들어 설명했다.

또 단계마다 간략한 '자기진단' 코너도 들어 있다. 자기진단은 PMA에 대한 당신의 생각을 스스로 점검하고, 당신의 인생에서 PMA를 다양하게 활용하는 방법을 생각할 수 있도록 도와주기 위한 것이다.

각 단계의 마무리 부분에는 긍정적인 마음가짐의 가치를 터득한 사람들의 명언을 모아 '급소를 찌르는 한마디' 코너를 마련했다. 그리고 특별히 마련된 '보너스'에서 제공하는 정보는 PMA를 활용하기 위한 구체적인 행동방안을 제시한다.

물론 PMA의 9단계를 어떻게 활용하는가는 당신에게 달려 있다. 여기서는 참고할 만한 방법을 소개하겠다.

1. 우선 9단계를 모두 읽는다.
2. 열흘 동안 하루에 한 단계씩 집중해서 하루 일과의 한 부분이 되도록 한다.
3. 그 열흘의 주기를 반복한다. 반복은 학습의 중요한 요소이므로 9단계가 머릿속에 새겨지고 몸에 밸 때까지 계속 반복한다.

하루에 한 단계가 아니라 일주일에 한 단계씩 정해서 모든 일에 그것을 적용하는 방법도 있다. 그렇게 9주가 지나면 당신의 생활 속에 긍정적인 마음가짐이 뿌리내리기 시작할 것이다. 그리고 어느새 당신은 자신과 모든 사람, 모든 상황과 사건에 PMA를 활용하는 자신을 발견하게 될 것이다.

PMA를 발전시킨 사람들

다음은 긍정적인 마음가짐을 발전시킨 사람들의 이야기다.
윌리엄 제임스는 하버드 대학교 의과대학을 졸업하고 모교에 남아 해부학·생리학·심리학·철학을 가르치며 실용주의 사고체계의 발전을 도왔다. 실용주의 이론에서는 결과를 중요시한다. 더불어 생각은 행동으로 인도하는 안내자이며, 실제 행동으로 이어지지 않는 생각은 쓸모없다고 생각한다.

제임스는 "인생을 두려워하지 마라. 인생은 살 만한 가치가 있는 것이라고 믿어라. 그 믿음이 사실을 창조해낼 것이다"라고 말했다. 그는 삶이란 비관주의와 낙관주의의 싸움이라고 확신하여 부정적인 사고방식을 맹렬히 성토하며 이렇게 주장했다.

"부정적인 사고는 사람을 실패와 의심으로 가득 채운다."

제임스의 이론에 따르면 우주는 '가능성'으로 가득하다. 마음의 눈을 뜨고 자신이 가진 정신의 힘을 본다면 자신을 엄청나게 발전시킬 수 있다. 또한 제임스는 우리 각자가 자신의 미래를 결정한다고 믿고 이렇게 말했다.

"우리는 우리가 생각하는 대로 된다. 이 시대의 가장 위대한 혁명은 마음가짐을 바꾸는 것이다. 마음가짐을 바꾸면 삶을 변화시킬 수 있다는 사실을 기억하라."

그 이후 나를 비롯한 몇몇 사람이 PMA의 바통을 이어받았다. 나는 일생을 바쳐 어마어마한 성공을 이뤄낸 인물들을 만나고 연구하여 17개의 원칙을 끌어냈다. 그리고 그것을 바탕으로 개인의 성공에 관한 최초의 실용철학을 만들었다.

앤드류 카네기에게는 집념이 있었다. 그는 인생에서 가질 만한 가치가 있는 것은 그것을 위해 일할 만한 가치가 있는 것이라고 믿었다. 나는 인생에서 가질 만한 가치가 있고 그것을 위해 일할 만한 가치가 있는 것은 그 대가를 치를 만한 가치가 있는 것이라고 믿는다.

올림픽 은메달리스트인 윌리 화이트에게는 이런 믿음이 있었다. 그녀는 시카고에 있는 로버트 테일러 보육원의 운동 프로그램에 참여한 소녀들에게 동기를 부여하는 일을 맡고 있었다. 시카고 남부 공립 보육원에서 생활하는 2,500명의 소녀에게 스포츠를 통해 자부심을 높일 수 있는 방법을 알려주는 일이었다. 소녀들이 어떻게 하면 지금과 같은 처지를 벗어날 수 있느냐고 물으면 화이트는 항상 이렇게 대답했다.

"길이야 있지. 너희는 자신의 꿈을 위해 어떤 대가를 치를 작정이지? 계획이 없는 꿈은 한낱 희망일 뿐이야!"

이 시대가 낳은 위대한 저술가 W. 클레먼트 스턴은 나와 함께 《긍정적인 마음가짐을 통한 성공》이라는 책을 공동집필 하면서 중요한 발견을 했다. 그는 이 원칙을 이용하고 정복하여 막대한 부를 축적했고 그것을 사람들과 나눴다.

그가 발견한 본질은 성공의 기본 원칙은 긍정적인 마음가짐을 통해 끊임없이 강화되고 보충되며 가치있는 목표를 성취하는 데만 효력을 지닌다는 사실이다. 이 원칙은 스턴 철학의

초석이 되었고, 그의 글들을 통합하는 주제가 되었다.

이제 무대는 준비되었다. 그리고 PMA가 주목을 받고 우뚝 서있다. 이 책에 나오는 예를 보면 알 수 있겠지만, PMA는 성공을 거둔 모든 사람이 지닌 공통점이다.

긍정적인 마음가짐이 주는 이익

긍정적인 마음가짐이 당신의 것이 되면 당신 안에 잠자고 있는 아주 새롭고 경이로운 자신을 발견할 수 있게 된다. 또한 PMA의 법칙을 따른다면 유쾌하고 긍정적인 태도를 얻을 수 있으며, 어려운 문제나 고난에 부딪히더라도 좌절하지 않고 힘차게 나아가며 찬란히 빛나는 길에 서게 될 것이다.

W. 클레먼트 스턴은 이렇게 말했다.
"나는 사업이나 다른 일에서 어려움을 겪을 때마다 나 자신에게 이렇게 말한다. '좋아, 그런데 뭐가 문제라는 거지?' 그러고는 그 불리한 처지를 유리하게 바꾸는 방법을 찾아낸다."

지금 당신에게 문제가 있다면 당신은 정말 행운아다. 단 당신이 PMA의 철학을 받아들일 경우에 그렇다. 긍정적인 마음가짐을 지닌 사람은 문제가 생기면, 그것이 문제라는 가면을 쓴 축복이라고 생각한다.

진정한 성공을 거둔 사람 중의 대부분은 과거에 매우 힘든 고통 속에 있었지만 그것을 잘 극복한 사람이다. 고난 없이 성공한 사람은 없다.

물론 고난이 닥치면 그 순간에는 자신이 매우 불행하다고 생각한다. 그러나 그것을 극복하고 이겨내면 그 고난은 축복의 씨앗임을 발견하게 될 것이다. 그 고난이 있었기에 행복이 있고 성공할 수 있었음을 고백하게 된다.

내가 좋아하는 말이 있다. "모든 역경은 그와 대등하거나 그보다 큰 이익의 씨앗을 품고 있다"라는 말이다. 달리 말하면 "모든 불행에는 행운도 함께 들어 있다"는 것이다.

PMA는 당신이 인생에서 진정으로 원하는 어떤 일이든 그것을 이룰 수 있도록 도와줄 것이다. 당신에게는 긍정적인 마음가짐을 갖고 모든 것을 긍정적으로 행하겠다는 결심만 있으면 된다. PMA를 실천하면 할수록 당신은 더욱더 큰 보상을 얻을 것이다.

그렇다면 지금 당장 시작해야 하지 않을까?

PMA는 당신의 모든 플러스 특성을 하나로 묶는 끈이며,
하나님의 뜻에 어긋나거나 타인의 권리를 침해하지 않는다면
당신이 원하거나 행하는 모든 것을 이룰 수 있는 힘의 원천이다.
긍정적인 마음가짐은 필연적으로 올바른 행동과
결과로 이어지는 올바른 사고방식이다.

Think
And
Grow
Rich

STEP 1

신념을 갖고

자기 마음의 주인이 돼라

당신의 열정, 감정, 본능, 성향, 느낌,
기분, 태도, 습관 등은 목적을 이루기 위해
자유로이 이용할 수 있는 당신의 도구다.
그것을 어떻게 이용하는가는 당신에게 달려 있다.
우리는 그 능력을 긍정적으로도,
중립적으로도, 부정적으로도 이용할 수 있다.

긍정적인 정신을 갖는 유일한 길은 '신념'을 갖
고 자신의 마음을 다스리는 것이다. 당신의 정신은 우주의 위
대하고 경이로운 창조물이다. 천문학자이자 수학자, 물리학자
였던 프리먼 다이슨은 인간의 정신에 대해 이렇게 말한다.

　"우리의 정신이 서로 다른 두 가지 수준의 본질에 관해 인
식한다는 것은 주목할 만한 일이다. 가장 고차원의 영역인 인
간의 의식 수준에서, 우리의 정신은 두뇌 안의 전기적·화학적
양상의 복잡한 흐름을 어느 정도는 인식하고 있다. 가장 저차
원의 영역인 원자와 전자의 수준에서 발생하는 현상도 관찰자
의 정신을 묘사한다. 그러나 나는 물리학자로서 정신이 내 우
주 안에 나타나는 두 가지 방식 사이에 논리적인 관련이 있다
고 의심하지 않을 수 없다. 나는 이 우주 안에서 이방인의 기분
을 느끼지 않는다. 나는 우주와 그 구조의 세세한 부분들에 대
한 연구를 거듭할수록 우주는 우리가 오고 있는 것을 알고 있

었다는 더 많은 증거를 찾게 된다."

다이슨은 인간 정신이 가장 낮은 수준인 전자들의 활동영역과 가장 높은 수준인 인간들의 활동영역 두 군데 모두에서 나타나며 우주에 스며든다고 믿는다. 우주와 당신의 정신이 만나는 곳, 최소의 것과 최대의 것이 연결되는 곳, 그 지점이 바로 당신이 자신의 인생과 주변 세계에 지배력을 행사할 수 있는 곳이다.

W. 클레먼트 스턴의 말을 상기하라. 당신은 육체를 지닌 정신이다. 당신은 자기 생각을 지배하고 감정을 통제하고 운명을 결정할 수 있다. 윌리엄 제임스도 인간이라면 누구나 가진 그 감춰진 힘을 꿰뚫어봤다. 그의 신념이 무엇이었던가!

"우리는 자신이 생각하는 대로 된다."

모든 인간은 두뇌와 신경계라는 경이로운 보물을 갖고 있다. 우리는 원칙적으로 다른 사람이 이룬 일을 그 어떤 것이라도 나도 이뤄낼 수 있는 힘을 부여받고 태어난다.

당신의 열정, 감정, 본능, 성향, 느낌, 기분, 태도, 습관 등은 목적을 이루기 위해 자유로이 이용할 수 있는 당신의 도구다. 그것을 어떻게 이용하는가는 당신에게 달려 있다. 모든 자연의 힘이 그렇듯이 각각의 잠재능력에는 선(善)이 내재해 있지만, 우리는 그 능력을 긍정적으로도, 중립적으로도, 부정적으로도 이용할 수 있다.

이러한 힘은 타고나는 것이다. 그것은 철물점의 반짝반짝 윤이 나는 연장들처럼 언제라도 사용될 준비가 되어 있지만, 혼자서는 기능을 할 수 없다. 반드시 사용자가 필요하다.

갓난아기가 성장하면서 사용하는 정신기능의 증거는 사고와 행동 속에 분명히 나타난다. 이따금 무지나 두려움 또는 그밖의 유감스러운 영향력으로 인해 능력이 이용되지 못하고 사라지기도 한다.

이제까지 어떻게 살아왔든 당신은 지금부터라도 이 정신의 연장들을 효과적이고 효율적으로 이용해야 한다. 긍정적인 마음을 가지면 얼마든지 그 능력들을 지배하고 통제하고 조화시킬 수 있다. 당신의 정신은 100억 개 안팎의 세포를 갖고 있으며, 그것은 전 세계 인구의 두 배나 되는 숫자다. 이 세포들은 서로 긴밀하게 연결되어 있는데, 모두가 당신의 하인이다.

그러나 최고의 지성인도 이 힘을 완전히 이용하지 못했다. 역사상 가장 중요한 인물 가운데 많은 사람의 지능지수는 평균수준을 넘지 못했다. 그들의 업적과 위대함은 정신력을 이용하는 능력에서 나온 것이다.

당신은 무한한 정신력을 지녔다. 이것을 PMA를 통해 당신에게 득이 되도록 이용할 것인지, 아니면 그냥 묻어둘 것인지는 전적으로 당신에게 달려 있다.

말을 하면 더 큰 믿음이 생긴다

다음의 '행동강령'을 종이에 적어 아침에 눈을 뜨자마자 볼 수 있는 장소에 붙여놓는다. 욕실 거울도 좋고 화장대도 좋다. 믿음이 생긴 뒤에 말하려고 기다리지 마라. 말을 하면 믿음이 더 쉽게 생긴다.

- 나는 내 마음이 내 것임을 믿는다.

- 나는 내 마음의 주인이 될 수 있음을 믿는다.

- 나는 긍정적인 마음가짐에 이르기 위해 내 감정, 기분, 느낌, 지성, 성향, 자세, 열정, 습관을 지배하고 통제할 수 있음을 믿는다.

- 나는 어떤 상황에서도 긍정적인 마음가짐을 가질 것이다.

우승자의 서약

'아메리카스 컵'은 세계에서 가장 큰 규모와 권위를 자랑하는 요트 대회다. 각 나라를 대표하는 클럽에서 직접 배를 제작하고 팀을 운영하므로 자본과 기술력 그리고 우수한 인력이 필요하다.

1851년 첫 대회에서 미국이 단 한 척의 배로 14척의 영국 함대를 누르고 우승을 차지해 그때부터 대회 이름을 '아메리카스 컵'이라고 불렀다. 그 후 미국은 128년 동안 우승을 독차지했는데, 1983년에 호주팀에게 왕좌를 빼앗겼다.

그해의 미국 요트팀 주장은 데니스 코너였다. 그는 자신 때문에 128년 동안 유지됐던 '아메리카스 컵'을 빼앗겼다는 엄청난 자책감에 괴로운 나날을 보내야만 했다. 하지만 4년 뒤 꼭 우승컵을 되찾아오겠다고 스스로에게 서약을 하고 피나는 연습을 했다. 결국 4년 뒤 그는 미국 요트팀과 함께 '아메리카스 컵'을 다시 되찾아왔다.

코너는 우승할 수 있는 요트를 만들고, 최고의 팀을 결성하는 데 전력을 다했다. 바로 '서약에 대한 헌신'이라는 목표의식이 있었기 때문이다.

당신도 오늘 긍정적인 마음가짐을 갖기 위해 최선을 다하겠다는 서약을 하라.

다음 질문에 정직하게 대답해보자.

1. 연봉인상 문제로 상사와 면담을 하려고 한다. 당신은 면담 전 30분을 어떻게 보내겠는가?

① 큰일을 앞둔 부담감을 떨치기 위해 동료와 잡담을 나눈다.

② 원하는 만큼 연봉을 올려주지 않으면 사표를 낼 각오가 되어 있다는 뜻을 담은 말을 머릿속으로 연습한다.

③ 지난해에 당신이 어떤 성과를 이루었고 그것이 회사 이익에 얼마나 이바지했는지, 새해에도 더 나은 성과를 이루기 위해 어떤 계획을 세워놓고 있는지에 대해 검토한다.

2. 딸이 학교에서 성적표를 받아왔는데 유독 한 과목의 성적이 나쁘다. 당신은 어떤 반응을 보일 것인가?

① "나도 똑같은 문제가 있었지만 별 탈 없었단다. 그러니 걱정하지 마라"고 말해준다.

② 매일 밤 그 과목을 한 시간씩 공부해야 한다고 말하고, 성적이 오를 때까지 모든 여가활동을 금지한다.

③ 문제가 커지기 전에 일찍 발견한 것은 좋은 일이라고 말해준다. 어려운 과목이라도 노력하면 성적이 오를 수 있으니까 숙제부터 꼼꼼히 하고 열심히 하라고 격려한다.

3. 이웃집 강아지가 자꾸 당신 집의 잔디밭을 파헤친다. 당신은 어떻게 하겠는가?

① 찌푸린 얼굴로 "강아지가 활동적이네요"라고 말한다.

② 강아지가 잔디밭을 파헤치는 게 한 번만 더 눈에 띄면 신고하겠다고 위협한다.

③ 이웃에게 자초지종을 설명하고 강아지가 심각한 문제를 일으키기 전에 버릇을 고치는 게 좋을 것 같다고 말한다. 그리고 혹시 도울 일이 있는지 묻는다.

4. 당신의 사업이 막 자리를 잡으려고 하는 중요한 시기에 경쟁자가 값을 내리기 시작했다. 당신은 어떻게 하겠는가?

① 그냥 견뎌내겠다고 결심한다.

② 고객들에게 그 경쟁자가 야비한 술수를 쓰고 있으며, 우리가 문을 닫으면 바로 다시 가격을 올릴 거라고 말한다.

③ 가격은 그대로 고수하되 경쟁자보다 나은 서비스를 제공한다. 당신이 고객들을 얼마나 소중히 여기는지 보여주는 노력을 기울인다.

위의 상황에서 ①번 답은 잠재적인 문제나 기회를 무시하는 태도다. 그것은 주어진 상황에 대해 자신은 아무 영향력도 행사할 수 없다는 것을 의미하므로 긍정적인 마음가짐에서 비롯된 반응이 아니다.

②번 답은 긍정적인 마음가짐과 반대되는 반응이다. 그런 사람은 상황의 부정적인 측면에만 집중하며, 대립과 문제, 악화되는 상황을 걱정한다. 그리고 항상 다른 사람에게 "나는 당신이 문제를 일으킬 줄 알았다"라고 말한다. 주어진 상황에서 잘잘못을 가리는 일에 소홀하라는 것이 아니다. 다만 문제에서 벗어나는 최고의 방법은 계속해서 문제를 더 찾아내는 것이 아니라 해결책을 찾는 것임을 알아야 한다는 것이다.

③번 답이 긍정적인 마음가짐에 해당하는 반응이다. 이런 반응은 당신이 자기식으로 일을 처리하도록 정신적인 준비를 도와주는 한편, 다른 사람에게도 이런 일이 있을 수 있음을 이해하게 해준다. 이것은 문제를 무시하는 반응이 아니라 앞길을 막는 문제를 쳐내는 반응이다. 이 경우 때로는 당신이 지는 것처럼 보일 수도 있지만 문제를 방치하거나 긴장을 고조시켜서 상황을 악화시키는 것보다 훨씬 나은 결과를 얻을 수 있다.

급소를 찌르는 한마디

● 무슨 일이든 손에 잡히는 대로 전력을 다하라.

_ 전도서 9: 10

● 성공하겠다는 당신의 결의가 그 무엇보다도 중요하다는 것을 명심하라.

_ 링컨(전 미국 대통령)

● 운명은 우연의 문제가 아니라 선택의 문제다. 그것은 우리가 기다려야
하는 것이 아니라 이루어야 하는 것이다.

_ 윌리엄 제닝스 브라이언(미국의 정치가)

● 당신이 하는 것, 꿈꾸는 것은 모두 이룰 수 있으니 시작하라. 대담함에
는 천재성과 힘과 마력이 들어 있다.

_ 요한 괴테(독일의 작가)

● 상황이라니, 무슨 상황을 말하는 것인가? 내가 상황을 만든다.

_ 나폴레옹(프랑스의 황제, 군인)

● 인간은 성공하려고 태어나는 것이지 실패하려고 태어나는 것이 아니다.

_ 헨리 데이비드 소로(미국의 소설가)

● 인생에서 재미있는 사실은 다른 건 다 마다하고 최고만을 받아들이려
  고 하다 보면 그걸 얻는 경우가 많다는 것이다.

_ 윌리엄 서머셋 모옴(영국의 작가)

● 미래는 자기 꿈의 아름다움을 믿는 사람들의 것이다.

_ 엘리노어 루스벨트(전 미국 영부인, 여성사회운동가)

"우리는 자신이 생각하는 대로 된다."
모든 인간은 두뇌와 신경계라는 경이로운 보물을 갖고 있다.
이러한 힘은 타고나는 것이다.
그것은 철물점의 반짝반짝 윤이 나는 연장들처럼
언제라도 사용될 준비가 되어 있지만,
혼자서는 기능을 할 수 없다.
반드시 사용자가 필요하다.

Think
And
Grow
Rich

STEP
2

자신이 원하는 일에

정신을 집중하라

> 당신이 이루고 싶은 일,
> 지지하는 일에 정신을 집중하라.
> 당신의 두뇌를 통제하고
> 낙관적으로 생각하라.
> 당신의 마음을 손에 쥐고
> 당신이 선택하는 방향으로 향하게 하라.
> 다른 사람이나 상황이 당신의 마음속에
> 부정적인 이미지를 심지 못하도록 하라.

일단 자기 마음의 주인이 된 다음에는 마음을 잘 다스려야 한다. 마음을 다스리는 가장 좋은 방법은 당신이 원하는 일에 정신을 집중하고 원하지 않는 일에는 마음을 두지 않는 것이다.

"그림 하나가 천 마디 말의 가치가 있다"라는 속담이 있다. 당신의 사고는 많은 부분이 말로 이루어져 있지만 가장 깊숙한 곳에서 마음을 움직이는 사고는 말이 아닌 그림으로 이루어진다.

아이디어가 떠오른다면 그것은 대개 어떤 일이 일어나는 그림의 형태이지, 머릿속으로 문장이 지나가는 것은 아니다. 그림은 직접적이고 강력한 사고의 형태다.

당신의 마음속에서 이미지가 만들어질 때 그것은 언어가 만들어질 때보다 훨씬 깊고 심층적인 단계에서 이루어진다. 인간의 언어 만들기는 그림 만들기와 비교하면 상대적으로 역사가 짧다. 그림과 이미지가 당신의 감정과 느낌에 직접적이고 근본적이며 절대적인 호소력을 지닌 데 비해 말은 간접적인 호소력만 지닌다. 말은 먼저 그림으로 옮겨진 뒤에야 당신 마음이 받아들이고 반응한다.

따라서 당신은 당신이 지니고자 하는 유익한 특성들을 마음속에 선명하게 그릴 수 있도록 생각을 훈련하는 법을 배워야 한다.

예를 들어 당신에게 박력이 필요하다고 가정해보자. "난 박력이 필요해"라고 말하는 것으로는 부족하다. 당신에게 박력이 생기면 어떤 모습일까를 상상해보라. 당신은 어떤 표정을 짓고 있을까? 당신의 몸은 어떤 자세를 취하고 있을까? 그 모습을 상상하고 형상화하여 이미지를 그려라.

당신은 어떤 상황이나 어떤 사람을 만나도 바람직하고, 건전하며, 정직한 시각을 갖고 행동하고 반응할 수 있도록 자신을 훈련해야 한다.

다른 사람의 좋은 점을 실재적이고 분명하게 시각화하면 당신은 반드시 그것을 체험할 수 있다. 마음의 눈을 통해 주어진 상황의 긍정적인 결과를 그림으로 그리거나 형상화하면 그것이 현실에서 이루어진다. 어떤 역경이나 실패, 패배, 슬픔 속에 있는 상황이라도 그것을 극복하고 이긴 자신의 모습을 상상하면 현재의 환난을 극복할 힘을 얻을 수 있다.

구하라, 그러면 얻을 것이다. 당신은 고통 속에 들어 있는 성공이라는 소중한 씨앗을 마음속에 심고 자양분을 주어 그것이 꽃 피우는 모습을 그려야 한다. 그러면 더 큰 열매나 은총으로 자라날 수 있다.

역경이 닥쳤을 때 긍정적인 마음가짐을 갖는 데 도움이 되는 방법은 이미 일어난 일은 지나간 일임을 빨리 깨닫는 것이다. 당신은 과거를 바꿀 수는 없지만, 현재와 미래를 바꿀 수는 있다.

자신에게 이렇게 말하라.

"이 일은 지금은 고통으로 보일지라도 결국 나에게 좋은 결과로 되돌아 올 것이다. 그것으로 충분하다!"

그런 다음 그 일을 통해 내가 배울 수 있는 것이 무엇인지 생각해 보라. 지나간 일에 발목 잡혀 있지 말고 앞으로의 일을 생각하라.

과거에 경험한 실패나 유쾌하지 못한 상황으로 통하는 마음의 문을 닫아라. 실패나 낙담, 다른 사람에 대한 부정적인 감정에 머물러 있으면 상황을 더욱 악화시키기만 할 뿐이다.

고통에서 오히려 영감을 불러일으킬 수 있는 법을 배워라. 영감을 불러일으킬 수 있는 고통이야말로 인류 역사에서 참된 진보와 개혁을 이뤄낸 신성한 고통이다. 이것은 스스로 행동하는 힘을 지니고 있다. 또한 당신이 패배를 통해 배우고 불이익을 이익으로 바꾸며 어떤 장애를 만나더라도 목표를 이루기 위해 더욱 열심히 노력하도록 힘과 용기를 준다.

초등학교에 다닐 때 낙제를 겨우 면했던 소년의 이야기를 예로 들어보자. 그는 운 좋게도 고등학교에 입학했지만 1학년 첫 학기부터 낙제했다. 그가 낙제를 한 것은 실패처럼 보였지만 사실 그건 그에게 꼭 필요한 일이었다. 그 일을 계기로 열심히 공부했기 때문이다.

그는 그동안 낭비한 시간을 만회하기 위해서 피나는 노력을 했고, 긍정적인 마음가짐으로 새사람이 되어 2년제 전문대학에 합격했다. 그리고 그의 노력은 결실을 거두어 학과 차석으로 졸업할 수 있었다.

하지만 거기서 멈추지 않았다. 그는 교육 수준도 엄청나게 높고 입학하기도 어려운 명문대학교에 지원했다. 그리고 긍정적인 마음가짐으로 노력하고, 전문대학의 우수한 성적 덕분에 당당히 합격했다. 그뿐만 아니라 그곳에서도 뛰어난 학생이라는 평을 받으며 선망의 대상이 되었다. 모든 역경에는 그 역경보다 더 큰 선물을 가져다줄 씨앗이 들어 있다.

당신이 이루고 싶어 하는 일, 당신이 지지하는 일에 정신을 집중하라. 당신의 두뇌를 통제하고 낙관적으로 생각하라. 당신의 마음을 손에 쥐고 당신이 선택하는 방향으로 향하게 하라. 다른 사람이나 상황이 당신의 마음속에 부정적인 이미지를 심지 못하도록 하라.

기억하라. 어제는 영원히 가버렸다. 내일은 오지 않을지도 모른다. 오직 오늘만이 당신이 살 곳이다.

원하는 것을 이미지화하라

말보다 그림으로 생각하는 것이 어려울 때도 있다. 하지만 이제부터라도 시각적 이미지를 만들어 마음속에 떠올리는 훈련을 시작해보자.

당신이 원하는 세 가지를 적어보라. 그 가운데 하나는 당신이 갖고자 하는 유익한 특성이어야 한다. 또 하나는 당신과 가까운 사람과의 관계 개선이어야 한다. 그리고 마지막 하나는 당신이 갖고 싶은 물질적인 소유물이어야 한다. 세 가지를 구체적으로 적어보라.

- 특성 _____
- 관계 _____
- 소유물 _____

각각의 것에 대해 생각해보라. 그것을 시각적으로 보여 주는 방법을 생각하라. 낡은 잡지나 신문을 뒤져서 당신 마음속의 이미지를 나타낸 그림을 찾아보라. 당신이 지닌 독창적인 상상력을 이용하여 이 작업을 완성하라.

예를 들어 당신이 '관용'이라는 특성을 원한다고 가정해보자. 그러면 손을 앞으로 내민 사람의 그림을 찾을 수 있을 것이다. 당신이 특별한 관계의 누군가와 시간을 함께 보내고 싶다면 시계 그림을 찾아볼 수도 있을 것이다. 당신이 갖고 싶은 것이 메르세데스 벤츠라면 그 차의 사진을 찾아 가위로 오려라.

이 그림들을 당신이 매일 볼 수 있는 곳에 붙여놓아라. 이것들을 시각적 도구로 삼아 당신이 원하는 특성, 개선된 관계, 소유물의 이미지를 마음속에 그려라. 그리고 그것을 얻을 수 있다고 믿어라!

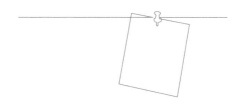

모든 역경에는 성공의 씨앗이 들어 있다

"나쁜 소식에는 좋은 소식이 들어 있다"는 말은 쉽게 이해되지 않는 개념이다. 하지만 오늘날 성공한 사람 가운데 많은 사람이 이 교훈이 성공의 발판이 되었다고 말한다.

척 예거는 제2차 세계대전 중 독일군 점령하의 프랑스에서 전투기를 몰다가 격추되었다. 그는 혼자 힘으로 독일군 정찰대를 피해 피레네 산맥을 넘어 스페인으로 무사히 피신했다. 그 후 육군 항공단에서는 그를 본국으로 돌려보내려 했지만 예거는 전쟁터에 남겠다고 고집했다.

그는 이렇게 회고했다.

"당시엔 깨닫지 못했지만 그건 내 인생을 스스로 주도하려던 것이었지요. 그때 내가 본국으로 돌아갔다면 전쟁이 끝난 뒤에 육군 항공단에서 과연 나를 제대시키지 않고 그대로 두려고 했을지 의심스러워요."

예거는 본국으로 돌아가지 않고 전쟁터에 남았기에 음속보다 빠른 비행을 한 첫 조종사가 될 수 있었다.

테리 윌리엄스는 사람들과 더불어 일하기를 좋아하여 병원에서 사회복지사로 근무했다. 하지만 얼마 못 가 환자들의 개인적인 고민과 문제에 질려서 일을 그만두고 말았다. 그녀는 자신이 좋아하는 건 좋은 소식을 나누는 것이지 나쁜 소식을 나누는 것이 아님을 깨달았다. 결국 그녀는 홍보 회사를 세웠고, 곧 마일즈 데이비스, 에디 머피, 재키 조이너 커시 같은 고객의 홍보를 맡게 되면서 미국 최고의 홍보 전문가가 되었다.

만약 그녀가 자신의 일에 만족하지 못하면서도 그것을 그만 두고 다른 일을 시작하는 것에 두려움을 느끼고 도전하지 않았다면 미국 최고의 홍보 전문가로 성공하지 못했을 것이다.

다음 질문에 정직하게 대답해보자.

1. 당신은 영업사원인데 전임자가 일을 엉망으로 해서 고객들이 당신의 회사에 대한 호감도가 바닥인 구역을 맡게 되었다. 당신의 반응은 어떠한가?

① 전에 아무 문제도 없었던 것처럼 행동한다.

② 고객을 한 사람씩 찾아다니며 전임자와 무슨 문제가 있었는지 세세히 밝힌 다음, 당신이 불리한 상황에 있는 것은 전임자의 잘못임을 상사에게 알린다.

③ 고객을 한 사람씩 찾아다니며 전에 무슨 문제가 있었는지 세세히 밝히되, 알게 된 내용을 바탕으로 해결점을 찾고 고객들에게 헌신적으로 노력하는 모습을 보여준다.

2. 당신의 아들이 자동차 사고를 내서 수천 달러의 수리비를 내게 되었다. 당신은 어떻게 하겠는가?

① 한숨지으며 이렇게 말한다. "보험을 들어뒀으니 천만다행이구나."

② 아들의 운전을 금지하고, 사고를 낸 것에 대한 벌로 6개월 동안 외출 금지령을 내린다.

③ 아들에게 스스로 돈을 벌어 수리비를 마련하라고 하고, 수리비를 다 갚으면 다시 차를 쓸 수 있게 한다.

3. 당신이 활동하는 시민단체에서 벼룩시장을 열어, 지역 자선단체의 기금을 마련하려고 한다. 그런데 행사가 2주밖에 안 남았는데 기증받은 물건이 너무 적다. 당신은 어떻게 하겠는가?

① 잘되겠지 하고 생각한다.

② 자선단체에 전화를 걸어 많은 이익금을 기대할 수 없겠다고 말한다. 시민단체의 다른 회원도 마음의 준비를 할 수 있도록 결과를 예고해준다.

③ 기증할 만한 사람에게 일일이 전화를 걸어, 벼룩시장에 상품을 기증하면 지역 공동체를 위해 훌륭한 일을 하는 것이라는 사실을 상기시킨다. 물건을 가져오는 것이 번거로우면 당신이 직접 받으러 가겠다고 제안한다.

4. 의사에게 고혈압의 위험이 있다는 말을 들었다. 당장 약물치료를 시작할 수도 있고 생활습관을 바꿔서 혈압을 낮출 수도 있다. 당신은 어떻게 하겠는가?

① 의사의 충고를 무시한다.

② 약을 먹는다. 음식을 가려 먹거나 생활습관을 바꾸는 것은 쉽지 않은 일이고 약보다 효과가 좋을지도 미지수기 때문이다.

③ 운동을 시작하고, 몸에 좋은 음식을 골라 먹으며, 명상과 시각화를 통해 스트레스를 줄이는 등 건강하고 스트레스가 적은 사람이

되도록 노력한다.

여기서도 ①번 답은 그릇된 반응이다. 심지어 문제가 있다는 걸 알면서도 나서서 처리할 일이 없는 것처럼 행동한다. 당신은 문제가 없다고 자신에게 말할 수도 있겠지만, 문제는 분명히 존재하고 그 문제가 눈덩이처럼 커져 결국 속수무책이 될 수밖에 없다.

②번 답은 PMA와 반대되는 태도다. 당신은 행동하지 않으며, 어차피 애써봐야 아무 소용없다고 자신을 합리화시키지만 이런 태도는 자신뿐만 아니라 다른 사람에게도 부정적인 결과를 나타낼 뿐이다.

PMA는 당신이 어떤 상황에서든 행동할 것을 요구하며, 그것의 첫 시작은 자신의 태도다. 당신이 PMA에 따라 행동하는 사람이라면 ③번 답을 골랐을 것이다. 나쁜 상황을 좋게 만드는 일에 집중한다는 건 문제를 인정하고 행동하는 것이다.

위의 각각의 예에서 보았듯이 문제를 바로잡으려면 먼저 문제에 대한 올바른 인식이 있어야 한다. 다만 핵심은 자신과 다른 사람에게 해결책을 찾을 수 있다는 확신을 주는 것이다. 이러한 해결책은 애초의 문제보다 더 광범위한 경우도 종종 있다.

예를 들어 1번 상황에서 당신이 고객에게 헌신적인 서비스를 제공하다 보면 고객이 가졌던 전임자에 대한 불만은 눈 녹듯이 사라질 것이다. 또한 당신은 고객에게 소중한 존재가 될 것이고, 회사에서도 없어서는 안 될 보물이 될 것이다.

2번 상황에서 아들에게 문제를 해결할 기회를 주면 아들에게 책임감에 대해 가르칠 수 있고, 실수를 저질러도 스스로 만회할 수 있음을 깨닫게 할 수 있다. 자신뿐 아니라 다른 사람에게도 긍정적인 마음가짐의 교훈을 주는 좋은 예다.

3번 상황에서 당신은 행사를 통해 얻는 이익에 초점을 맞추고 그 이익을 창출해내도록 다른 사람들을 이끌어야 한다. 사람들은 남을 돕는 기회를 갖기 원하므로 그들은 남을 도울 수 있도록 해준 당신을 존경하게 될 뿐만 아니라, 당신을 진정한 실력가로 인정할 것이다.

그리고 4번 상황에서는 자신의 건강 문제를 그냥 덮어두는 것이 아니라 문제의 원인과 해결 방법을 찾아 개선하려고 노력해야 한다. 비록 당신이 취한 노력이 약물치료를 받는 것보다 미약한 효과가 있다 할지라도 당신의 건강상태는 틀림없이 개선되었을 것이다.

PMA는 당신의 마음이 긍정적인 해결책에 집중하도록 해준다. 당신이 긍정적인 해결책을 찾는 훈련을 쌓는다면 그것이 소중한 습관이 될 것이다.

급소를 찌르는 한마디

● 무슨 일을 하든지 그는 마음을 다 쏟았다. 그래서 하는 일마다 뜻대로 되었다.

_ 역대하 31: 21

● 나는 이렇게 한다. 뒤로 지나간 일은 잊어버리고 앞에 있는 일을 향해 손을 내민다.

_ 빌립보서 3: 13

● 당신이 참으로 믿는 일은 이루어질 것이다. 당신의 믿음이 그것을 이루어지게 한다.

_ 프랭크 로이드 라이트(미국의 건축가)

● 실패가 불가능한 것처럼 행동하라.

_ 도러시아 브랜디(미국의 작가)

● 패자들은 실패의 벌을 마음속에 그린다. 승자들은 성공의 보상을 마음속에 그린다.

_ 롭 길버트(호주 제임스쿡 대학교 교수)

● 자신에 대한 믿음은 성공으로 가는 으뜸 비결이다.

_ 랄프 왈도 에머슨(미국의 시인)

● 당신은 두려움을 극복한 모든 체험에서 힘과 용기와 자신을 얻는다. 당신은 자신에게 이렇게 말할 수 있다. "나는 이 공포를 견뎌냈노라. 그러니 다음에 올 공포에도 맞설 수 있다." 당신은 자신이 할 수 없다고 생각하는 일을 꼭 해내야 한다.

_ 엘리노어 루스벨트(전 미국 영부인, 여성사회운동가)

Think
And
Grow
Rich

STEP
3

남에게

받고 싶은 대로 줘라

물질, 시간, 관심, 미소, 친절, 희망 등
당신이 가진 것의 일부를 다른 사람과 나눠라.
그 일부를 줘도 남은 부분들이 몇 배씩 커져
나누기 전에 있던 것보다 더 크게 되돌아올 것이다.
남을 돕는 것은 바로 자신을 돕는 것이며,
긍정적인 마음가짐의 연쇄반응을
일으킨다는 것을 명심해라.

남에게 받고 싶은 대로 줘라. 그리고 남이 당신에게 하지 않았으면 하는 일은 당신도 남에게 하지 마라.

이 단계는 이미 우리에게 익숙하고 심지어 간단해 보이는 것이지만, 실천하기란 결코 쉽지 않다. 반면 이 단계가 갖고 있는 가치는 어마어마하다. 이러한 마음가짐으로 산다는 것은 타인의 편에 서서 타인의 수호자, 보호자, 대변자가 되는 것을 의미한다.

나치의 독재에 항거한 개신교 지도자 마틴 니에묄러 목사는 이 소중한 진리를 깨달았다. 니에묄러는 전후 세대의 청중에게 이렇게 말했다.

"나치가 공산주의자들을 탄압할 때 나는 공산주의자가 아니었기 때문에 나서지 않았습니다. 그리고 그들이 유대인들을 탄압할 때 나는 유대인이 아니었기 때문에 나서지 않았습니다.

그다음 그들이 노동조합을 탄압할 때 나는 노조원이 아니었기 때문에 나서지 않았습니다. 그다음 그들이 가톨릭을 탄압했는데 나는 개신교 신자였기 때문에 나서지 않았습니다. 그다음 그들이 나를 탄압했는데… 그즈음엔 나를 위해 나서주는 사람이 아무도 없었습니다."

　그렇다. 남에게 받고 싶은 대로 남에게 줘야 한다. 모든 상황에서 내것을 챙기기 위해 손을 움켜 쥐는 것이 아니라 남에게 손을 펴서 나눠줘야 한다. 가족과 친구, 직장동료를 대할 때 그들의 결점을 보지 말고 좋은 점을 찾아라. 흠을 잡거나 비난하거나 복수하기보다는 칭찬하고 도움을 주고 용기를 줘야 한다.
　자신과 타인에 대해 긍정적인 태도를 갖는가, 아니면 부정적인 태도를 갖는가 하는 작은 차이가 그가 행복한지, 불행한지, 비참한지의 큰 차이를 만든다.

　예를 들어 자신의 행복을 찾는 가장 확실한 방법은 일상의 작은 일에서 다른 사람을 행복하게 해주기 위해 모든 생각과 에너지를 바치는 것이다.
　오로지 자기 관점에서 생각하고 자기 입장만 생각하고 다른 사람의 입장과 처지에는 무관심하다면, 당신은 자기 스스로를 불행과 비참의 구렁텅이로 밀어넣는 것이나 다름없다.

로이드 C. 더글러스는 《숭고한 집념》에서 "우리가 다른 사람에게 행복을 준다면, 그리고 그런 일을 할 때 자랑삼으려 하거나 개인적인 보상을 바라지 않는다면, 우리에게 몇 배의 행복으로 되돌아올 것"이라고 말했다.

대니얼도 행복의 위력을 알고 있었다. 티타늄 생산업체인 RMI는 1976년 그가 부임하기 전까지만 해도 심각한 곤경에 처해 있었다. 대니얼은 이런 RMI의 신임 사장으로 부임하자마자 상황을 역전시켰다. 어떻게 그것이 가능했을까? 그것은 컴퓨터나 경영 컨설턴트, MBA의 도움이 아니었다. 바로 긍정적인 마음가짐의 힘이었다.

그의 회사 벽에는 다음과 같은 표어가 붙어 있었다.

"미소가 없는 사람을 만나거든 당신의 미소를 나눠주십시오."

대니얼은 공장을 순시할 때마다 늘 미소를 잃지 않았고, 노동자들과 이야기를 나눴다. 그리고 RMI의 700명이나 되는 직원의 이름을 모두 외워 만날 때마다 그들의 이름을 불러줬다. 그가 항상 강조하는 말이 있다.

"덩치 크고 우둔한 풋볼선수였던 나에겐 철학이 하나 있습니다. 바로 '남에게 받고 싶은 대로 남에게 줘라'입니다."

대니얼 사장의 철학은 큰 힘을 발휘했다. RMI는 매출이 올랐고 생산성도 향상되었다. 직원들의 사기도 높아졌다.

이처럼 남이 원하는 것을 나눠줘야 한다. 물질, 시간, 관심, 미소, 친절, 희망 등 당신이 가진 것의 일부를 다른 사람과 나눠라. 그 일부를 줘도 남은 부분들이 몇 배씩 커져 나누기 전에 있던 것보다 더 크게 되돌아올 것이다. 이런 행동은 당신이 다른 사람에게 고차원적이고 창조적인 삶의 방식을 권유하는 것이 된다. 남을 돕는 것은 바로 자신을 돕는 것이며, 긍정적인 마음가짐의 연쇄반응을 일으킨다는 것을 명심해라.

내가 남에게 받고 싶은 것을 가장 먼저하라

남들이 당신에게 해주었으면 하는 일을 세 가지만 적어보자.

1. _____

2. _____

3. _____

이제 거꾸로 생각해보자. 당신은 위의 세 가지를 남들에게 해주고 있는가? 내가 가장 먼저 해야 할 일이 그 일임을 기억하라.

2단계의 방법을 이용하자. 먼저 그 일이 실제로 일어나는 모습을 마음의 눈으로 볼 수 있도록 머릿속으로 이미지를 만드는 것이다. 그 방법이 효과가 있다면 당신이 하고자 하는 일을 시각화하는 데 도움이 될 상징적인 그림을 찾아보라.

자, 지금 바로 시작하라!

나눔은 배가 된다

성공한 사람은 그 성공을 다른 사람과 자신이 속한 공동체와 함께 나누는 경우가 많다. 그 결과 존경, 협력, 그리고 개인적인 만족을 얻는다.

테리 이벤슨은 벤처사업에서 큰 성공을 거둔 사람 중 하나다. 그가 큰돈을 벌었을 때 그 성공을 다른 사람과 나누기 위해 선택한 방법은 똑똑하고 형편이 어려운 학생들에게 장학금을 주는 것이었다.

학생들은 테리 이벤슨 덕택에 자기 힘으로 성공을 이뤄낼 기회를 얻었고, 그들 역시 다른 학생들을 위한 장학기금 마련에 힘을 모으고 있다. 다른 사람에게서 도움을 받은 이들이 또 다른 사람에게 성공의 기회를 주는 것으로 선한 나눔이 이어지는 것이다.

다음 질문에 정직하게 대답해보자.

1. 사흘 전 당신은 내일이 마감인 중요한 보고서 작성을 담당하게 된 동료에게 지금까지 모으고 분석한 자료를 모두 주었다. 그런데 오늘 당신은 그가 보고서 준비를 거의 하지 못 했다는 사실을 알았다. 당신은 어떻게 하겠는가?

① 그에게 부담을 주지 않으려고 아무 말도 하지 않는다.

② 동료가 보고서를 준비하지 못할 경우에 대비하여, 당신은 제때에 책임을 다했음을 분명히 하는 메모를 그 동료와 상사에게 보낼 준비를 해둔다.

③ 보고서를 완성할 수 있도록 돕는다.

2. 배우자의 부모가 연로해서 누군가 돌봐야 한다. 당신은 어떻게 하겠는가?

① 당신이 관여할 문제가 아니므로 모른 체한다.

② 짐이 되기 전에 빨리 양로원으로 모셔야 한다고 주장한다.

③ 형제들끼리 돌아가면서 부모님을 찾아가 돌보자고 제안한다.

3. 고속도로에서 속도를 높여 달리고 있는데 차 한 대가 바짝 쫓아오고 있다. 당신은 어떤 반응을 보이는가?

① 무시하고 가던 대로 달린다.

② 갑자기 브레이크를 밟아 속도를 낮춘다. 뒤따라오는 차의 운전자에게 최소한의 운전예절을 가르쳐 주려는 것이다.

③ 뒤의 차가 지나가도록 옆으로 비켜준다.

4. 오랫동안 단골로 다니던 정비소에 갔는데 새로 온 정비공이 무례하게 굴며 당신을 무시한다. 당신은 어떻게 하겠는가?

① 저런 사람은 그냥 둬도 해고될 거라 생각하고 참는다.

② 정비공에게 잘못을 지적하고 다른 정비소로 옮긴다.

③ 조용히 그곳 담당자를 불러서 지금까지는 만족했는데 이번에 이러한 대접을 받아 얼마나 놀랐는지 모른다며 자초지종을 설명한다.

이제 당신은 ①번 답이 긍정적인 마음가짐이 요구하는 행동과는 거리가 먼 수동적인 반응임을 알고 있을 것이다. PMA를 익히고 따르는 사람이라면 문제를 확인하고 바로잡기 위해 노력해야 한다.

상황을 무시하고 방치하면 결국 속으로 곪아터져서 더 감당하기 힘든 상태가 된다. 충돌을 피하는 것이 최선이라 생각할 수도 있지만, 그러면 손을 쓸 수 없는 상황으로 치닫기 쉽다. 다른 사람은 그런 당신을 보고 통솔력과 판단력을 발휘할 수 있는 상황에서 왜 저렇게 소극적인 태도를 보이는지 의아해 할 것이다.

②번 답은 적극적이기는 하지만 긴장을 고조시킨다. 또 만사를 저런 식으로 해결하다 보면 다른 사람은 당신을 불평꾼으로 여기게 될 것이다. 사람들은 문제가 발생할 때 원만하게 해결하는 사람을 원한다. 결코 긴장만 고조시키거나 발끈하면서 발을 굴러대는 사람을 원하지 않는다.

당신이 항상 남의 탓만 하거나 책임을 회피하거나 다툼을 일으킨다면 누가 당신을 상대하려 하겠는가? 고속도로의 예처럼 이미 분별력이 없는 사람에게 부정적인 태도를 보인다면 당신의 자극적인 행동이 가져올 결과는 상상을 초월할 것이다. 결국 당신이 손을 쓸 수 없는 파국으로 치달을 수도 있다. 무조건 도전장부터 내밀지 말고 먼저 이해심을 발휘하라.

③번이라 대답한 사람은 다른 사람에게 늘 기꺼이 협조하고, 도움의 손길을 주는 사람으로 모든 문제를 잘 해결하는 사람으로 인식될 것이다.

이들 가운데는 전문적인 지식이나 기술을 제공해줄 직장 동료, 도움이 필요할 때 손을 내밀어 주는 친척, 휴가 전날까지 차를 완벽하게 고쳐놓는 자동차 정비소 주인처럼 당신이 늘 영향력을 주고받는 사람, 당신이 갑작스럽게 도움과 협조를 청해야 하는 사람이 포함될 것이다.

또한 당신의 협조적인 태도가 이제까지 한 번도 만난 적이 없으며 다시 만날 일도 없는 사람에게까지 미칠 수도 있다. 그런 경우 당신은 자신이 배푼 행동에 대한 직접적인 혜택을 보지 못할 수도 있다. 하지만 다른 이들이 그 혜택을 받을 것이며, 그에 대한 반응으로 그들 또한 다른 사람에게 긍정적인 행동을 하는 연쇄작용이 일어날 것이다.

이제 당신은 PMA를 따르는 행동을 함으로써 전 세계에 PMA를 보급하는 데 일조하고, 당신이 거주하고 일하는 공동체의 발전에 기여하게 된다.

당신이 보기에 거의 가망이 없을 때 기적같은 도움을 얻는 사람을 보고 그의 행운에 놀란 적이 있다면, '저 사람은 PMA에 따라 인생을 살았구나' 하고 생각하면 맞을 것이다. 성경에도 이르지 않았던가. "뿌린 대로 거두리라."

급소를 찌르는 한마디

● 미움은 다툼을 일으켜도, 사랑은 모든 허물을 덮어준다.

_ 잠언 10: 12

● 자신이 당하고 싶지 않은 일은 남에게도 하지 마라.

_ 공자(중국의 사상가)

● 우리는 호의를 받아서가 아니라 베풀어서 친구를 얻는다.

_ 투키디데스(그리스의 역사가)

● 나의 하나님, 당신이 보시는 만물 속에서 제게 가르침을 주시고, 제가
행하는 모든 일이 당신을 위한 것이게 하소서.

_ 조지 허버트(영국의 목사, 시인)

● 모범은 다른 사람들을 감화시키는 가장 중요한 것이 아니다. 유일한 것
이다.

_ 알버트 슈바이처(독일의 의사, 노벨평화상 수상자)

ESSENTIAL

다른 사람이 당신에게 하지 않았으면 하는 일 세 가지를 생각해보라.

1. _____

2. _____

3. _____

이제 입장을 바꿔서 생각해보라. 내가 당하기 싫은 것은 남들도 똑같이 당하기 싫어한다는 사실을 명심하라. 내가 긍정적인 자세로 남을 대하면 그것은 분명히 나에게 다시 되돌아온다.

- 아낌없이 베풀어라. 당신이 가진 것을 다른 사람과 나눈다면 당신에게 남은 것은 몇 배로 커진다.

- 만나는 사람마다 미소를 보내라. 눈웃음을 지으며 미소를 보내는 동시에 당신도 미소를 받을 것이다.

- 친절한 생각을 품고 친절한 말을 건네라. 당신은 친절한 사람이 되고, 다른 사람에게 친절한 말을 듣게 될 것이다.

- 가슴에서 우러나오는 따뜻한 감사를 보내라. 더욱 감사하는 마음을 갖게 될 것이고, 다른 사람이 당신에게 감사를 전할 것이다.

- 명예, 칭송, 갈채, 승자의 월계관을 줘라. 영광스러운 마음을 갖게 될 것이고, 칭송과 갈채를 받을 것이다.

- 성공으로 가는 마법의 요소인 희망을 줘라. 당신 안의 희망도 커질 것이고 앞날이 유망한 사람이 될 것이다.

- 가장 보배로운 마음상태인 행복을 줘라. 용기를 얻을 것이고 힘을 얻을 것이며 행복한 사람이 될 것이다.

- 언어로 된 햇살인 환호를 보내라. 유쾌해지고 기운이 솟을 것이다.

Think

And

Grow

Rich

STEP
4

자기 점검을 통해

부정적인 생각을 제거하라

"

당신의 마음에 떠오르는 부정적인 생각은
당신이 떨쳐버리기로 한 과거의 산물이다.
자신이나 타인 혹은 관련된 상황에 대해
분명하게 긍정적인 태도를 보임으로써,
그것을 강력한 해독제로 삼아
부정적인 생각에 맞서야 한다.

"

대부분의 사람은 자기 생각, 행동, 반응 등을 의식해서 점검하지 않으면 자신이 부정적인 사고를 한다는 사실을 깨닫지 못한다. 자기분석 과정은 간단하다. "이것은 긍정적인가 아니면 부정적인가?"라고 자신에게 물으면 된다. 자기 마음의 주인이 되어 자기가 선택한 방향으로 사고하는 데 실패한 사람이라면 부정적인 반응을 보이기 쉽다.

　　'남에게 받고 싶은 대로 주라'는 원칙에 따라 사는 것이 긍정적인 삶에 어떻게 도움이 되는지 생각해보자. 만일 당신이 다른 사람에게 피해를 주지 않기 위해 노력하고 도움이 되는 일을 한다면 부정적인 생각이 끼어들 여지가 없음은 두말할 필요가 없다.

　　그러나 긍정적인 마음가짐을 기르는 과정에 들어선 뒤에도 오래된 습관이 불쑥불쑥 고개를 들 것이다. 부정적인 생각은 문이 조금만 열려도 튀어나올 기세로 잠복해 있다. 부정적인 생각이 떠오르는 이유는 다음의 네 가지 경우로 나눠볼 수 있다.

1. 자신이 불쌍하다는 생각이 들고 자기 연민에 빠져든다.
2. 문제를 다른 사람이나 상황, 환경 탓으로 돌린다.
3. 자아가 상처받았거나 위축되었다. 자존심에 상처를 입었다.
4. 가장 확실하면서도 가장 깨닫기 어려운 경우인데, 자신이나 타인 혹은 무언가에 대해 이기적이다.

PMA를 실천하면 할수록 부정적인 생각을 깨닫는 능력도 길러진다. PMA를 삶에 통합시키는 과정을 시작하면서 당신은 좀 더 의식적인 분석에 의존해야 할 것이다.

'나는 어떤 것을 할 수 없다'는 생각이 머리를 스치거나 길에서 만난 낯선 사람이 당신에게 다가와서 부정적인 말을 했다면 어떤 기분이 들지 자신에게 물어보라. 당신이 그 낯선 사람에게 보일 반응을 다른 부정적인 생각에도 똑같이 적용해보라. 즉 이렇게 말하는 것이다.

"당신이 내가 그것을 할 수 있는지 없는지 어떻게 알아? 당신은 그런 말을 할 자격이 없어."

당신의 마음에 떠오르는 부정적인 생각은 당신이 떨쳐버리기로 한 과거의 산물이다. 그것은 당신이 극복하기로 한 경험에서 나오는 것이며, 당신이 지금 만들어가는 사고와 실천하는 인간상과는 아무런 관련이 없다.

자신이나 타인 혹은 관련된 상황에 대해 분명하게 긍정적인 태도를 보임으로써, 그것을 강력한 해독제로 삼아 부정적인 생각에 맞서야 한다.

부정적인 생각을 버려라

체크리스트를 만들어 주머니나 지갑에 넣어 다니자. 그것을 '참석하고 싶지 않은 파티'라고 부르자.

1. 연민 파티 : 자신을 불쌍하게 생각하는 사람들의 파티
2. 회피 파티 : 남의 탓만 하는 사람들의 파티
3. 자존심 파티 : 상처받은 자존심 때문에 괴로워하는 사람들의 파티
4. 고집쟁이 파티 : 이기적인 사람들의 파티

하루를 시작하면서 이 리스트를 점검하라. 부정적인 생각이 떠오르면 조용한 시간을 갖고 자신에게 이렇게 물어보라.

"무슨 일이지?"

가고 싶지 않은 파티의 리스트를 보면서 혹시 하나라도 자신에게 해당하는 게 있는지 확인해보라. 그런 것이 있다면 당장 떨쳐버려라.

부정적인 것은 더 큰 것을 잃게 한다

버티스 베리 박사는 성공한 사회학자이자 배우며 가수다. 박사는 텔레비전에서 자신의 이름을 내건 토크쇼를 진행하고 있으며, 전국을 종횡무진으로 누비며 공연과 강의를 하고 있다.

그녀가 대학교를 졸업할 때의 일이다. 그녀는 집안에서 처음으로 대학교에 진학한 인물이기 때문에 친척들이 졸업식장에 몰려와 축하의 박수를 보내리라 기대했다. 하지만 가족 중 아무도 오지 않는다는 소식을 듣고는, 화가 나서 자신도 졸업식에 참석하지 않기로 했다. 그러자 대학교의 한 교수님이 이는 무척 이기적인 행동이라며 그녀를 꾸짖었다.

혼이 잔뜩 난 그녀는 가고 싶지 않지만 억지로 졸업식에 참석했는데, 두 차례나 노벨상을 받은 사람이 수여하는 최우수 졸업생 상을 받는 기쁨을 누렸다.

그녀는 자존심이 상했다는 이유만으로 하마터면 엄청난 영예를 놓칠 뻔했다. 작은 것 때문에 큰 것을 놓치는 어리석음을 범하면 안 된다. 친척에게 축하를 받지 못한다는 부정적인 생각을 떨치고, 졸업식을 맞이하여 자신이 무엇을 어떻게 해야 하는지를 먼저 생각해야 한다.

부정적인 생각에 눈이 가리워지면 앞에 있는 성공의 길을 보지 못하게 된다. 가장 먼저 부정적인 생각을 제거해야 한다.

다음 질문에 정직하게 대답해보자.

1. 이윤이 많이 나는 사업을 진행하고 있었다. 고객을 유치하기 위해서 경합을 벌였는데, 경쟁사에 그만 지고 말았다. 당신의 머릿속에 스치는 생각은 무엇인가?

① 원래 안 될 일이었어.

② 경쟁사에서 그렇게까지 싼 가격을 제시하지 않았으면 내가 이겼을 거야. 그들은 나를 이기기 위해 손해 보면서 일을 따낸 거야.

③ 고객이 왜 경쟁사를 택했는지 알아야 해. 이번 일로 내 문제점이 뭔지 알아내고 그것을 바로잡는 기회로 삼아야지.

2. 당신의 딸이 대학교를 뛰쳐나와 레스토랑 주방에서 일하고 있다. 당신은 어떤 생각을 하겠는가?

① 그 애는 원래 매사에 노력하지 않아.

② 돈 들여서 공부시키고 대학교에 보냈더니 하라는 공부는 안하고 이게 무슨 짓이야? 부모 망신이나 시키는 것 같으니라구.

③ 대학생활이 만족스럽지 못한 모양인데, 왜 그랬는지 알아봐야겠어.

3. 당신은 지역의 단체장 선거에 출마했다가 낙선했다. 어떤 생각이 들겠는가?

① 이제 인기 대결 같은 건 그만두겠어.

② 나같이 훌륭한 인물을 몰라보다니, 이런 사람들과 더는 시간 낭비할 필요가 없어.

③ 당선자는 사람들의 마음을 끄는 무언가가 있었고 난 그렇지 못했던 거야. 그는 배울 점이 있는 사람이야. 우리가 함께 일하면 멋진 팀이 될 거야.

4. 당신은 5kg 정도 체중을 줄여야 하는 걸 알고 있지만 아무리 노력해도 좀처럼 체중이 줄지 않는다. 당신은 어떤 생각을 하는가?

① 괜찮아. 최소한 체중이 늘지는 않았잖아.

② 난 다이어트에 너무 집착했어. 이제부터 살 뺀다고 자신을 괴롭히는 일은 절대 하지 않을 거야.

③ 건강을 위해 체중은 반드시 줄여야 하니까 다른 방법을 찾아봐야겠어.

인생을 사는 여러 가지 방법 중에는 '흘러가는 대로 사는 방법'이 있다. 이것은 언뜻 보기에는 걱정과 스트레스를 없애며 평안한 마음으로 사는 것 같아 마음이 솔깃해지기도 한다.

그러나 흘러가는 대로 모든 것을 놔두는 것은 자신이 누구인지, 무엇을 할 수 있는지에 대한 부정적인 결과에 보내는 핑곗거리가 될 뿐이다.

위의 ①번 답들이 그렇다. 이런 태도는 '난 원래 지도자나 운동선수가 될 자질을 타고나진 못 했어'라든가 '인생의 짐은 너무나 무거워. 거슬러 올라가는 것이 아니라 흘러가는 대로 평안히 살 거야' 따위의 교묘한 자기 연민을 담고 있는 경우가 많다.

긍정적인 마음가짐은 모든 것을 핑계삼으며 도피하는 걸 용납하지 않는다. 부정적인 생각이 떠오를 수는 있겠지만, 깊이 생각하면 그것이 행동과 책임을 회피하려는 수단임을 깨닫게 된다. 그러면 그 생각을 거부하고 긍정적인 제안으로 대응해야 한다.

이런 일이 의식적으로 자주 이뤄질수록 반사적으로 긍정적인 생각이 일어나는 빈도도 높아지고, 결국은 부정적인 생각이 발을 붙일 수 없게 된다.

우리는 상황 대신 남을 탓하기도 쉽다. 타인은 당신의 자기 연민과 상처받은 자존심을 감추기 위해 공격을 퍼붓기에 가장 만만한 대상이기 때문이다. 그 예가 바로 ②번 답이다. 당연히 이런 방식은 문제 해결을 위한 행동으로 이어질 수가 없고, 오히려 상황을 더 악화시키기 십상이다.

역경이 닥쳤을 때 그 안에 숨겨진 보물을 찾아내기 위해서는 문제의 원인을 정확히 밝혀내야 한다. 그것을 게을리하면 모든 수고가 수포로 돌아간다. ③번 답은 이러한 접근을 보여주는 정확한 본보기다. ③번 답은 뭔가 문제가 있다는 걸 인식하고, 어떻게든 그것을 해결할 수 있다는 확신으로 문제를 적극적으로 파헤친다.

이 발견의 과정에서 당신은 PMA에 의존할 것이다. 자신이나 자신의 상황에 대해 전혀 뜻밖의 것을 알게 될 수도 있기 때문이다.

당신이 만약 뜻밖의 사실을 알게 된 것이 중요한 일이라는 것을 알고 문제를 처리할 수 있다는 태도를 보인다면, 긍정적인 마음가짐의 가장 위대한 점 가운데 하나인 자신에 대한 이해와 자신감을 높일 수 있을 것이다.

급소를 찌르는 한마디

● 내가 있다는 놀라움, 하신 일의 놀라움, 이 모든 신비, 모든 것을 당신께
감사합니다.

_ 시편 139: 14

● 부정적인 생각은 아무것도 보지 못하게 한다. 참으로 부질없는 일이다.

_ 루이스 라무르(미국의 소설가)

● 당신이 외부의 어떤 것 때문에 고통받고 있다면, 그 고통은 그것 자체
에서 비롯되는 것이 아니라 그것에 대한 당신의 생각에서 나온다. 그러
므로 당신은 언제라도 그것을 없앨 수 있다.

_ 마르쿠스 아우렐리우스(로마의 황제, 철학자)

● 의심은 우리의 반역자, 그것은 시도를 두려워하도록 만들어 얻을 수 있
는 것도 종종 놓치게 한다.

_ 윌리엄 셰익스피어(영국의 극작가)

● 모든 훌륭한 일도 처음에는 불가능해 보였다.

_ 토머스 칼라일(영국의 비평가, 역사가)

● 절대 절망하지 마라. 절망하려거든 그 절망을 딛고 나아가라.

_ 에드먼드 버크(영국의 정치가)

Think
And
Grow
Rich

STEP
5

행복하라!

다른 사람을 행복하게 하라

"

행복해지려면 행복하듯이 행동해야 한다.
새로운 사고로써 새로운 행동에 이를 수 있듯
새로운 행동으로써 새로운 사고에 이를 수 있다.
열정적인 사람이 돼라.
미소를 지어라.
사람들은 긍정적인 사람을 알아보며,
그런 사람과 가까이 지내고 싶어 한다.

"

행복해지려면 행복하듯이 행동해야 한다. 새로운 사고로써 새로운 행동에 이를 수 있듯 새로운 행동으로써 새로운 사고에 이를 수 있다. 열정적인 사람이 돼라. 열정적인 생각을 가지면 열정적으로 행동하게 된다. 미소를 지어라. 자신에게, 그리고 세상을 향해. 그러면 당신이 굳이 정신을 집중하지 않아도 내면의 기쁨과 열정이 저절로 솟아나는 것을 체험할 것이다. 사람들은 긍정적인 사람을 알아보며, 그런 사람과 가까이 지내고 싶어 한다.

　　이러한 삶의 질적 변화는 부정적인 생각을 몰아내고, 유익하고 건설적인 생각과 경험에만 마음을 둘 때 일어난다. 긍정적으로 사고하면 기쁨에 넘치는 태도가 선물처럼 저절로 다가온다.

　　꼭 걱정해야겠거든 긍정적으로 걱정하라. 맥스웰 맬츠 박사는 《정신 인공 두뇌학》에서 독자들에게 "건설적으로 걱정하라"고 말한다. 그는 걱정은 미리 잘못될 일에 대해 생각하는 것이며, 따라서 걱정이라는 고통에서 벗어나는 방법은 의식적으로 잘될 것만 생각하는 것이라고 말한다.

건설적인 걱정에는 두 가지 간단한 원칙이 있다. 이 원칙을 메모지에 적어 걱정에 대한 '처방약'으로 삼아 지니고 다니자.

1. _____에 대한 내 도전의 최선의 결과는 _____이 될 것이다.
2. _____이 현실로 이루어질 가능성은 매우 크다.

문제가 생겼을 때 자신이 어떤 결과를 바라는지 상상하라. 그런 다음 그 생각을 당신의 마음속에서 반복 재생해 점차 자신감과 용기를 내면화하라.

맬츠 박사는 우리의 잠재의식은 진짜 경험과 상상 속의 경험을 구분하지 못한다고 강조했다. 그는 이러한 이론을 다음과 같이 이용하라고 제안한다.

"매일 일정한 시간을 정해 눈을 감고 자신의 목표에 대해 이미지화한다. 자신이 그 목표를 이미 이루었다고 상상하는 것이다. 자신이 이룬 목표가 어떤 느낌, 어떤 냄새, 어떤 모습인지 그려본다. 자신이 부정적인 생각에 잠겨 있는 걸 발견하면 즉시 그 생각을 버리라고 명령한다. 그리고 그 우울한 이미지를 당신이 인생에서 진정으로 바라는 마음의 그림들로 대체한다."

한번 시도해보라. 효과가 있을 것이다. 당신이 체험할 근사한 느낌은 바로 PMA의 결과물이다.

당신의 성공을 겸손하게

당신의 업적과 성공을 점검하는 것은 매우 중요한 일이다. 당신이 성공하도록 도와준 경험을 분석하고 하나의 공식으로 만들어 적어놓자. 그리고 다시는 되풀이하고 싶지 않은 경험도 점검하자.

바람직한 경험을 공식으로 만들어놓으면 당신의 정신적, 가정적, 사회적, 사업적, 직업적 삶에 적용하여 지속적인 성과를 얻을 방법과 기술을 익히게 된다. 다시 말해 당신의 활동이나 서비스, 생산물에 적용해 지속적인 성과를 얻는 방법과 기술을 가질 수 있다는 것이다.

성공은 긍정적인 마음가짐을 가지고 노력하는 사람이 이루고 지켜나가는 것이다. 당신도 당신이 추구하는 건강, 행복, 부, 성공을 얻을 것이다.

자랑스러워하라! 당신이 이룬 일과 당신의 가족, 종교, 조국, 그리고 모든 좋은 것을 자랑스러워하라. 다만 겸허하고 겸손하라. 사람은 자신이 이룬 일에 대해 자부심을 느끼는 것은 긍정적인 일이지만 지나치게 자랑으로 삼는 것은 부정적일 수 있다.

영어에는 한 단어가 긍정적인 의미와 부정적인 의미를 함께 담고 있는 경우가 많다. 'Pride(자존심 혹은 자만)'가 그 좋은 예다. 자존심은 바람직한 의미의 개인적인 존엄성, 가치, 명예, 자기 존중이다. 이것은 정당하게 자랑스러움을 느낄 수 있는 상황에 적용될 때는 긍정적이다.

그러나 부정적인 의미에서의 자만은 지옥에 떨어지는 일곱 가지 무거운 죄 가운데 첫번째다. 잠언 16장 18절에 이런 말이 있다. "교만은 패망의 선봉이요 거만한 마음은 넘어짐의 앞잡이니라."

부정적인 자만은 자신의 우월성에 대한 지나친 의식, 과도한 자부심, 독단이다. 따라서 자만의 동의어는 오만, 거만, 교만, 건방짐, 멸시 따위다. 그리고 반의어는 겸손과 겸양이다.

모든 것의 좋은 면만 바라보라

《도전하라 한 번도 실패하지 않은 것처럼》의 저자 수잔 제퍼스는 어느 날 친구와 저녁을 먹으며 친구에게 어떤 일의 긍정적인 면을 보게 하려고 애쓰고 있었다.

그런데 그 친구는 비꼬듯 이렇게 말했다.

"너는 극단적인 낙천주의자처럼 말하는구나."

제퍼스는 친구에게 이렇게 대답했다.

"그게 어때서? 인생의 온갖 장애물에도 불구하고 즐겁게 사는 게 뭐가 잘못 됐니? 비운과 암울함 대신 밝은 태양을 바라보는 게 어때서 그래? 모든 것의 좋은 면을 보려는 걸 네가 왜 안좋게 생각하는지 난 잘 모르겠어!"

다음 질문에 정직하게 대답해보자.

1. 당신은 부서를 재조직하는 야심 찬 계획서를 제출한 후 최종 결정권을 갖고 있는 상사를 만나기로 했다. 그와 만나기 전에 당신은 무엇을 하겠는가?
① 긴장하지 않도록 평소에 하던 대로 업무에 집중한다.
② 상사가 퍼부을 곤란한 질문과 반대 의견에 대한 답변을 준비한다.
③ 회사가 당신의 제안에 따를 경우 어떤 이득을 볼 수 있는지 생각하고, 그것을 설명할 준비를 한다.

2. 배우자가 중요한 직책으로 승진제안을 받았다. 직책이 오르면 월급도 많아지고 경력에도 도움이 되지만 그만큼 일도 많아진다. 당신은 배우자에게 어떤 말을 해주겠는가?
① "당신이 최선이라고 생각하는 대로 해요."
② "당신의 전임자가 무슨 일을 겪었는지 생각해봐요. 그는 압박감을 견디지 못해 그만두고 말았잖아요."
③ "이건 근사한 기회이고 당신은 잘 해낼 수 있을 거예요. 당신이 그 자리를 맡는다면 내가 뒤에서 돕겠어요."

3. 당신은 학부모와 교사의 모임인 사친회 회장인데, 인기가 좋은 교장 선생님이 대학교로 가겠다고 선언했다. 교육감이 당신에게 새 교장 선생님을 뽑는 일을 맡아달라고 한다. 당신은 새 교장 선생님을 뽑는 과정에서 어떤 태도를 보이겠는가?

① 어떤 교장을 뽑으나 마찬가지라는 생각으로 다른 회원에게 일을 맡긴다.

② 전임 교장 선생님처럼 훌륭한 선생님을 뽑기는 불가능하다는 당신의 생각을 분명히 밝히고, 다른 회원에게 어떤 후임자를 뽑든 불만족스러울 것이라고 얘기해 둔다.

③ 훌륭한 교장 선생님은 얼마든지 찾을 수 있다. 전임 교장 선생님이 탁월했기에 기준이 높아진 것은 사실이지만, 후보마다 나름의 장점이 있다. 중요한 건 학교에서 요구하는 일에 최적임자를 찾아내는 일이라고 생각한다.

4. 당신은 날마다 45분씩 걸리는 곳으로 출퇴근을 한다. 그 시간을 어떻게 보내는가?

① 음악을 듣는다.

② 라디오에서 온갖 것에 불평하는 사람들의 이야기에 귀 기울인다.

③ 오늘 당신이 달성해야 하는 일과 그것이 인생의 목표에 다가서는 데 얼마나 도움이 될지 마음속으로 그려본다.

어떠한 상황에서도 당신이 확실히 지배할 수 있는 한 가지는 상황에 대한 당신의 반응이다. 모든 상황에서 낙관적인 생각을 갖는 습관을 들이면 좋은 결과를 만들 수 있을 것이다.

우리는 이따금 불쑥 튀어나오는 이런 마음의 목소리를 듣게 된다.

"이건 안 될 거야."

당신은 긍정적인 생각에 집중함으로써 그 작은 목소리를 잠재울 수 있지만, 그것은 끈질겨서 사라지지 않고 좀비처럼 또 나타난다. 일부러 다른 생각을 하면 부정적인 목소리가 사라질 거라고 생각하는 사람도 있는데 다른 것에 집중하는 것만으로는 부족하다. 부정적인 목소리는 "나는 꼭 해낼 수 있어"라고 말하는 긍정적인 목소리로 뿌리뽑아야 한다.

그리고 만일 당신이 다른 사람의 생각에도 긍정적인 목소리를 심어준다면 당신은 그들에게도 큰 도움을 주는 것이다. 모든 사람의 마음가짐은 전염성을 지니고 있기 때문이다.

②번 답은 부정적인 마음가짐을 나타낸다. 그것은 재빨리 주위 사람들에게 전파되어 그들의 노력을 방해한다.

부정적인 생각이 불쑥불쑥 머리에 떠오르는 건 피할 수 없는 일이다. 그러나 그것을 경솔하게 입에 담지는 말아야 한다. 우선 부정적인 생각이 진짜 문제를 말하고 있는지 점검해야 한다.

행복한 견해를 갖는 것을 잠깐의 눈가림이라고 생각하는 잘못을 범

하지 마라. 역사를 돌이켜보면, 실패를 예고하는 요소를 모두 무시하고 결국 성공을 이뤄낸 인물이 헤아릴 수 없이 많다. 예를 들면 로버트 풀턴, 토머스 에디슨, 라이트 형제 등이다.

나와 함께 《생각하라, 그리고 부자가 돼라 : 흑인의 선택》을 공동집필한 데니스 킴브로는 이렇게 말했다. "태양이 졌다고 말하는 사람이 있다면 그의 말은 틀린 말이다. 태양은 지지 않는다. 당신이 서 있는 곳은 캄캄한 밤일지 몰라도 지구 반대편에는 태양이 환히 비추고 있으니까."

주어진 상황에 대한 당신의 태도는 당신만이 선택할 수 있다. 당신이 부정적인 사고라는 진흙탕에서 뒹군다면 당신의 몸에 진흙이 묻을 것이며, 주위 사람 모두가 그걸 알게 될 것이다. 그보다는 당신이 원하는 일과 성공을 가질 수 있다는 확신을 마음에 새겨라. 꼭 걱정해야겠거든 긍정적으로 걱정하라.

급소를 찌르는 한마디

● 마음이 즐거우면 앓던 병도 낫는다.

_ 잠언 17: 22

● 즐거움은 마음을 햇살처럼 환히 비추며, 한결같고 영속적인 평온으로 마음을 가득 채운다.

_ 조셉 에디슨(영국의 시인, 수필가)

● 일하면서 노래를 부르는 사람을 보내주시오.

_ 토머스 칼라일(영국의 작가, 평론가)

● 우리는 모두 서로를 돕길 원한다. 인간 존재란 그런 것이다. 우리는 서로의 불행이 아니라 서로의 행복에 의해 살아가기를 원한다.

_ 찰리 채플린(영국의 영화배우)

● 어리석은 자는 멀리서 행복을 찾고, 현명한 자는 자신의 발치에서 행복을 키워간다.

_ 제임스 오펜하임(미국의 시인)

Think
And
Grow
Rich

STEP
6

관용의 습관을

길러라

66

열린 마음으로 사람들을 대하라.
다른 사람에게 당신이 원하는 대로
될 것을 명령하거나 바라지 말고.
있는 그대로의 그들을 좋아하고 받아들이도록 노력하라.
다른 사람의 좋은 점을 찾아보고
그들을 좋아하는 법을 배워라.

99

열린 마음으로 사람들을 대하라. 다른 사람에게 당신이 원하는 대로 될 것을 명령하거나 바라지 말고, 있는 그대로의 그들을 좋아하고 받아들이도록 노력하라. 다른 사람의 좋은 점을 찾아보고 그들을 좋아하는 법을 배워라.
나는 여러 해 전에 너그럽지 못한 태도에 대해 다음과 같은 글을 썼다.

"지성의 새벽이 인류 진보의 동녘 수평선 위로 밝아오고, 무지와 미신이 시간의 모래밭에 마지막 발자국을 남길 때 인간의 죄를 담은 책의 마지막 장에는 '인간의 가장 슬픈 죄는 타인을 너그러이 용서하고 받아들일 수 없었던 옹졸함이었노라'라고 기록되리라."

"가장 지독하고 너그럽지 못한 태도는 종교, 인종, 경제적 편견, 의견의 차이에서 나온다. 오, 신이시여! 저희 가련한 인간들은 종교적 믿음과 인종이 다르다는 이유로 서로를 파괴하려 드는 짓이 얼마나 어리석은지 어느 때에 가서야 깨닫겠습니까?

우리는 죽음의 행렬이 우리 앞에 멈추어 체류 기간이 끝났음을 알릴 때, 아무런 두려움도 떨림도 없이 지상의 텐트를 걷고 위대한 미지의 세계로 조용히 따라갈 수 있어야 한다. 이 세상을 방문한 짧은 기간에 그렇게 사는 법을 왜 배우지 못하는 걸까? 나는 저세상의 문턱을 넘을 때 유대인, 이교도, 구교도, 신교도, 독일인, 영국인, 프랑스인도 만날 수 없기를 희망한다. 그곳에서는 인종이니 종교, 피부색 구분 없이 모두가 한 형제자매인 인간 영혼을 만나길 희망한다. 너그럽지 못한 옹졸함의 세계와는 작별을 고하고 영겁의 세월 동안 평화로운 휴식을 누릴 수 있도록."

사랑과 애정은 긍정적인 마음가짐이 번성할 수 있는 정신적·물리적 환경을 만든다. 날마다 한 가지씩 좋은 일을 하라. 이것은 우리 모두를 위한 훌륭한 행동강령이다.

뉴잉글랜드의 고등부 체조선수의 일화를 소개하겠다. 그는 체조선수권대회에 출전하기 위해 차를 몰고 가고 있었다. 다리 위를 지나던 중 난간 하나가 떨어져 나간 것을 보게 되었다.

차를 멈추고 보니 트럭 한 대가 강물에 빠져 있었다. 방금 일어난 사고인지 트럭이 서서히 물에 잠기기 시작했고, 트럭 운전사는 차에서 빠져나오려고 기를 쓰고 있었다.

그 선수는 급히 신발만 벗고 소용돌이치는 강물로 뛰어들었다. 트럭 운전사는 공포에 질려 차 문을 열지 못하고 있었다. 트럭이 거의 물에 잠긴 상태여서 그는 트럭 운전사에게 창문을 내리라는 손짓을 보냈다.

트럭 운전사는 창문을 내렸고, 체조선수는 오랜 기간의 훈련과 연습으로 단련된 근육과 힘을 총동원하여 트럭 운전사를 차에서 빼냈다. 그는 트럭 운전사를 물 위로 끌어올린 다음 기슭으로 헤엄쳐 그의 생명을 구했다.

그 체조선수는 그날 밤, 주 대항 체조선수권대회에 끝내 나타나지 못했다.

이처럼 친절한 행동은 당신과 다른 사람에게 긍정적인 마음가짐을 기르는 토양을 마련해준다.

있는 그대로의 모습을 받아들여라

다른 사람을 있는 그대로 받아들이는 비결은 이미 그렇게 받아들인 것처럼 행동하는 것이다. 당신이 받아들이기 힘든 사람을 생각해보라.

이제 자신에게 물어보라. 만일 내가 있는 그대로의 그를 받아들였다면 나는 어떻게 행동할 것인가? 나는 실제로 어떤 일을 할 것인가?

당신의 대답을 구체적으로 머릿속에 그려보라. 그리고 그대로 하라. 많은 사람이 감정의 지배를 받는다. 우리는 상대방이 먼저 사랑이나 관용의 올바른 감정이 생겨나도록 행동하기 전에는 사랑과 관용의 행동을 보일 수 없으리라고 생각한다. 그러나 그 반대다. 내가 먼저 사랑과 관용의 행동을 보이면 상대방의 행동도 변할 것이다.

이제 긍정적인 마음가짐에 대해 새롭게 이해한 당신은 자신의 감정을 다스릴 수 있을 것이다. 당신은 자신이 원하는 감정을 다스릴 수 있다. 당신은 자신이 원하는 감정을 느끼고 있는 것처럼 행동할 수 있다. 흥미로운 사실은 그러면 감정이 순순히 종종걸음으로 따라온다는 것이다.

너그럽지 못한 태도의 부정적인 반응

너그럽지 못한 태도의 가장 슬픈 결과 가운데 하나는 너그럽지 못한 대접을 받은 사람은 다른 사람에게도 너그럽지 못하다는 것이다. 유고연방의 예는 너그럽지 못한 태도가 얼마나 쉽게 하나의 사회를 분열시킬 수 있는지를 보여준다. 이런 너그럽지 못한 태도가 얼마나 어리석은 것인지 알려면 한때 사람들을 지배했던 과거의 사회적 통념을 살펴보면 된다.

예를 들어 미국에서는 가톨릭 신자나 이혼 경력이 있는 사람은 대통령이 될 수 없다는 믿음을 오랫동안 지켜왔다. 그러나 이미 그런 믿음을 깨뜨린 두 명의 대통령이 있다. 존 F. 케네디는 가톨릭 신자였고, 로널드 레이건은 이혼 경력이 있었다.

다른 사람에 대한 너그럽지 못하고 강퍅한 마음이 당신이 이루려고 하는 목표를 방해하지 않도록 하라.

어떤 분야든 처음으로 장벽을 넘은 사람이 있게 마련이다. 당신이 그 사람이 되지 못할 이유가 무엇인가?

다음 질문에 정직하게 대답해보자.

1. 요란한 영업부서가 당신의 옆 사무실을 쓰고 있다. 그 부서에서는 누가 영업목표를 달성하기만 하면 환호성을 지르고 야단법석을 떤다. 그러면 당신 부서의 사람들까지도 일손을 멈추고 구경을 한다. 이럴 때 당신은 어떤 반응을 보이겠는가?

① 사무실 문을 닫아놓는다.

② 그 부서의 팀장에게 가서 일에 방해가 되니까 조용히 축하하는 방법을 찾으라고 말한다.

③ 그 부서의 열정을 이해하고 기쁨을 함께 나눈다.

2. 당신의 아들이 결혼하고 싶어하는 여자가 있다. 직접 만나보니 당신 마음에도 든다. 그런데 그녀의 부모가 당신이 싫어하는 정당의 열렬한 당원이라고 한다. 당신은 어떤 반응을 보이겠는가?

① 그들을 만나는 일이 없도록 최선을 다한다.

② 그들에게 당신 앞에서는 말도 안 되는 정치 이야기를 삼가해 달라고 말한다.

③ 소중한 인연을 맺게 되었으니 서로 친해지도록 애쓰고, 이런 인연이 아니었으면 서로 말도 하지 않았을 사람인데 알고 지낼 기회가 생겨서 다행이라고 생각한다.

3. 동네에 마당의 잔디도 깎지 않고 쓰레기도 수북이 쌓인 지저분한 집
   이 있다. 동네 주민들이 행정관청에 그 집을 어떻게든 해보라고 탄원
   하는 진정서를 내려고 서명을 받고 있다. 당신은 어떻게 하겠는가?
   ① 다른 사람의 문제는 모른 체하고 진정서에 서명도 하지 않는다.
   ② 진정서에 서명한다.
   ③ 그 집을 방문하여 주민들이 겪는 불편에 대해 설명하고, 행정관청
   에서 나서기 전에 문제를 해결하도록 주민들이 도울 일은 없는지
   물어보자고 제안한다.

4. 당신의 부서에 여직원이 새로 들어왔다. 그녀는 일은 잘하는데 동
   성연애자라는 소문이 돌면서 모두 그녀를 피하는 눈치다. 당신은
   어떤 반응을 보이겠는가?
   ① 소문을 무시하고 그녀와도 마주치지 않는다.
   ② 그녀에게 소문에 대해 알려주고 다른 직장을 찾아보는 게 좋겠다
   고 제안한다.
   ③ 그녀와 점심을 함께하며 그녀에 대해 더 잘 알려고 노력한다. 그
   녀에게 함께 일해서 진심으로 기쁘다고 말한 다음, 혹시 사무실에
   서 무슨 문제라도 생기면 의논하라고 말한다.

관용은 우리가 사는 분열의 시대에서는 최고의 난제일 수도 있다.

어떤 일에 대해서든 많은 사람이 극단적인 감정을 지니게 되는 경우가 많다. 그러다 보니 판단력이 흐려지기도 하고 당면한 문제를 보지 못하기도 한다.

긍정적인 마음가짐을 갖는 것은 당신이 만나는 모든 사람의 원칙을 포용해야만 한다는 의미가 아니라, 그런 사람들에 대한 자신의 반응을 주시해야 한다는 것이다.

자신에게 물어보라. 혹시 내 감정이 이 사람과 나 사이의 상호작용 방식과 어떤 관련이 있지는 않은기? 이 문제는 좋은 이웃이 되는 것과 관련되어 있는가, 아니면 남에게 받고 싶은 대로 주라는 원칙과 관련되어 있는가?

관용은 긍정적인 마음가짐의 수동적인 일면이 아니며 수동적인 삶의 일면도 아니다. 나치 통치하의 독일에서 마틴 니에몰러 목사가 보여준 예처럼, 너그럽지 못한 태도는 선량한 사람들이 행동하지 않는 데서 나온다.

①번 답은 가장 일반적인 반응이다. 첫 번째 예에서 당신을 불편하게 만드는 상황을 회피하는 것은, 다른 사람에게서 배움을 얻을 기회와 열정을 스스로 버리는 것이 된다.

당신이 자신과 의견을 달리하는 사람과 어울리고자 한다면 그들 사이에서 이룰 수 있는 최선은 우호적인 휴전일 수 있다. 하지만 ②번 답이 나타내는 도전적인 행동을 보인다면 휴전조차도 불가능해질 것이다. 당신이 타인과 맺고자 하는 모든 상호작용은 대립의 위협에 처할 것이다. 그것은 당신이 목표를 향해 나아갈 때 꼭 필요한 긍정적인 생각을 멀리 달아나게 한다.

관용이 충돌 가능성을 없앨 수는 없지만, ③번과 같은 행동은 다른 사람에게 당신이 그들을 존중한다는 걸 보여준다. 이런 호의를 보여준다면 그들도 당신을 존중할 것이다. 이 상호존중은 당신이 말도 건네지 않고 살았을 사람들과 함께 일할 수 있는 세계를 열어준다. 서로의 의견 차이는 그대로 남겠지만, 또 누가 아는가? 그들이 당신을 존중한 나머지 스스로 당신의 의견에 따를지. 긍정적인 마음가짐을 지니면 불가능한 일이 없다.

급소를 찌르는 한마디

● 가능한 모든 선을 행하라.

　가능한 모든 수단을 동원해서

　가능한 모든 방법으로

　가능한 모든 곳에서

　가능한 모든 때에

　가능한 모든 사람에게

　가능한 오래도록.

_ 존 웨슬리(영국의 종교개혁자, 감리교 창시자)

● 예의를 지켜서 손해 볼 건 없다. 그것은 돈 한 푼 안 드는 즐거움이며,
많은 의미를 전달한다. 그것은 주는 자와 받는 자 모두를 기쁘게 하여
자비처럼 곱절로 받는다.

_ 이래스터스 위맨(캐나다의 실업가)

● 이해받으려 하기보다 이해하게 해주소서.

_ 성 프란체스코(프란체스코회의 창립자, 가톨릭의 성인)

● 당신이 어떤 사람을 현재의 모습 그대로 대하면 그는 계속해서 지금의
상태로 남을 테지만, 당신이 그 사람을 그가 마땅히 되어야 할 사람처
럼 대하면 그는 마땅히 그렇게 될 것이다.

_ 요한 괴테(독일의 작가, 철학자)

● 현명한 사람만이 현명한 사람을 알아본다.

_ 크세노파네스(고대 그리스의 철학자)

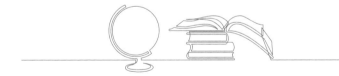

Think
And
Grow
Rich

STEP
7

자신에게

긍정적인 암시를 하라

"당신이 무슨 생각을 하고 있는지 말해준다면
당신이 어떤 사람인지 말해주겠소."
윌리엄 제임스가 말한
"우리는 우리가 생각하는 대로 된다"를
모방한 말이다.
당신이 스스로 마음에 입력하는 것이
나중에 출력되는 결과로 나올 것이다.

늘 긍정적인 마음가짐을 가져라. 우리는 자기 마음의 생각과 태도를 물리적 현실로 옮겨놓고 있다는 걸 깨달아야 한다.

당신은 이런 말을 들은 적이 있을 것이다.

"당신이 무슨 생각을 하고 있는지 말해준다면 당신이 어떤 사람인지 말해주겠소."

이것은 윌리엄 제임스가 말한 "우리는 우리가 생각하는 대로 된다"를 모방한 말이다.

잠재의식은 의식과 서로 통할 수 있다. 관념, 아이디어, 문제의 해결책… 이 모든 것은 당신의 의식 안에서 떠오르려고 기다리는 선물이다. 또한 당신의 마음은 알려지거나 알려지지 않은 힘의 창고다. 당신이 영리하게 자신의 마음에 영향을 미치는 법만 배운다면 당신의 잠재의식과 의식은 조화롭게 함께 일할 수 있다.

W.클레먼트 스턴과 공동집필한《긍정적인 마음가짐을 통한 성공》에서도 설명했듯이, 긍정적인 마음가짐을 신중히 유지하려면 우리의 마음이 받아들이는 외부의 자극을 통제해야 한다. 그 통제 방법에는 암시, 자기암시, 자동암시 세 가지가 있는데, 그 내용은 다음과 같다.

암시

당신의 오감, 즉 시각·청각·미각·후각·촉각을 통해 두뇌로 들어오는 모든 자극은 암시의 형태를 띤다. 모든 자극은 날마다 외부의 물질이 당신에게 영향을 미치는 통로 역할을 한다. 당신이 접하는 모든 것은 오감을 통해 당신의 잠재의식에 기록된다. 잠재의식은 당신의 통제 아래 있는 것이니, 오감을 통해 들어오는 것이 유익하고 만족을 주는 것이 되도록 하라. 아름다움을 위해 시간을 투자하라.

자기암시

자기암시는 보고, 듣고, 맛보고, 냄새 맡고, 느끼는 형태로 자신에게 의도적으로 선한 자극을 제공하는 작용이다. 마음속의 그림이나 생각을 자기암시의 형태로 이용하라.

앞에서 암시에 대해 설명할 때, 당신의 오감을 통해 들어오는 것들이 유익하고 만족을 주는 것이 되게 하라고 조언했다. 그러나 당신은 세상에는 피할 수 없는 추악함이 있다고 생각할지도 모른다. 바로 여기에서 보고, 듣고, 맛보고, 냄새 맡고, 느끼는 모든 것에서 선을 찾으라는 자기암시와 PMA의 기본 철학이 활약하기 시작한다.

이 교훈을 의도적으로 자꾸 되뇌고, 거기에 감정과 믿음을 불어넣다 보면 효과적으로 당신의 잠재의식에 심을 수 있다. 성공적인 사고의 틀을 갖추면 성공을 거머쥔 수많은 사람에게 통했던 위대한 진리를 당신에게도 적용할 수 있다.

성공한 사람이 지닌 삶의 특별한 비결은 무엇일까? 그들은 모든 일을 낙천적으로 생각한다는 것이다. 오늘부터 당신도 그렇게 하라. 오늘부터 자신의 결점에 집착하거나 낙심하지 말고 그 사실을 있는 그대로 인정하라. 오늘부터 문제를 지나치게 심각하게 받아들이는 것을 거부하라. 오늘부터 꾸준히 유머감각을 기르고, 날마다 긴장을 풀어야 할 때 웃을 거리를 찾아라. 오늘부터 더욱 유쾌한 태도로 친구를 대하려고 노력하라. 오늘부터 유머를 문제 해결의 도우미로 이용하라.

자동암시

자동암시는 잠재의식에 저장된 정보들이 당신의 의식으로 되돌아가는 전달작용이다. 이 정보는 아이디어, 꿈, 느낌, 관념,

원칙, 해결책, 생각의 형태로 당신에게 돌아간다.

의도적으로 당신의 마음을 올바르고 유익한 생각과 정보로 살찌우는 바람직한 마음 상태를 유지하는 것은 결국 당신에게 돌아갈 잠재의식에 영양소를 공급하는 것이다. 당신이 스스로 마음에 입력하는 것이 나중에 출력되는 결과로 나올 것이다.

컴퓨터 프로그래머들 사이에는 GIGO(Garbage In, Garbage Out: 쓰레기를 입력하면 쓰레기가 나온다)라는 원칙이 있다. 컴퓨터에 잘못된 자료를 입력하면 결국 잘못된 정보가 나온다는 것이다. 당신의 마음노 이와 마찬가지다.

NINO(Nourishment In, Nourishment Out: 영양물을 입력하면 영양물이 나온다) 원칙에 기초해서 마음을 긍정적으로 프로그래밍하라. 그러면 당신의 마음은 긍정적인 마음가짐을 자동으로 유지할 것이다.

마음에 주는 양식

암시, 자기암시, 자동암시는 주의를 기울여 노력하면 습득할 수 있다.

암시와 자기암시는 당신이 익혀야 할 새로운 습관이며, 당신이 자신의 마음에 주는 양식이다.

자동암시는 주의를 기울일 것을 요구한다. 당신의 긍정적인 마음가짐이 새로운 생각이나 감정을 낳을 때 그것을 즐기는 법을 배워야 한다. 암시, 자기암시, 자동암시를 날마다 실천하라.

암시

날마다 당신의 오감 중 하나에 긍정적이고 가치있는 것으로 자극하라. 꽃을 찬찬히 살펴보라. 콘서트에 가거나 라디오에서 흘러나오는 아름다운 음악에 귀를 기울여라. 빵집을 찾아가 갓 구운 빵의 향기를 들이마셔라. 오늘은 먹을 것이 그것밖에 없는 듯 빵 맛을 한껏 즐겨라. 나무껍질을 만져보라. 당신은 오늘 긍정적으로 당신의 감각을 채우기 위해 무엇을 하겠는가?

암시　_____

　　　_____

자동암시

자동암시에는 의식적인 인식이라는 기술이 필요하다. 많은 사람이 자신이 지닌 아이디어와 관념, 해결책, 올바른 감정을 당연하게 여기지만 당신은 그렇지 않다. 당신은 그것을 기쁘게 여긴다. 당신은 바로 그런 사람이다. 당신 안에서 긍정적인 마음가짐이 길러지는 과정을 기록하라. 오늘 당신의 잠재의식은 당신에게 어떤 '양식'을 주었는가?

자동암시 _____

_____

당신이 얻을 것을 마음속에 그려라

밥 패리스는 세계 보디빌딩 챔피언이며 전 미스터 올림피아다. 그는 "우리는 마음이 믿을 수 있는 것은 그 무엇이라도 현실로 이뤄낼 수 있다"는 원칙을 그의 훈련교본에 도입했고, 자기암시와 자동암시를 훈련과정에 적용했다.

패리스는 자기 분야에서 최대의 성과를 얻기 위해 훈련을 쌓고 있는 모든 사람에게 이 방법을 권한다. "훈련을 완성하고 근육이 단련되는 것을 느끼는 법을 배워야 한다"고 그는 말한다.

그는 이것을 '근육을 발견한다'라고 부른다. 그래야 근육을 최대한 수축할 때 근육이 하는 일에 집중할 수 있기 때문이다. 근육이 자라고 튼튼해지는 걸 마음속으로 그리는 것이다.

패리스의 충고를 들어보자.

"연습 중에 당신의 근육을 발견하지 못한다면, 일단 연습을 중단하고 올바른 마음 상태로 돌아가라."

이 말은 당신이 무슨 일을 하든 귀담아 들어야 할 훌륭한 충고다.

다음 질문에 정직하게 대답해보자.

1. 당신은 방금 그토록 고대하던 승진이 다른 사람의 몫으로 돌아간 걸 알았다. 당신은 어떻게 반응하겠는가?
① 되도록 빨리 나의 업무에 복귀한다. 패배에 연연하지 않고 내 역할에 최선을 다한다.
② 사직서를 내거나 당신을 인정해주는 다른 직장을 찾아볼 생각을 한다.
③ 승진한 사람에게 축하 메세지를 보낸다. 그리고 그동안 당신이 이룬 것을 되돌아보며 모든 일이 원하는 대로 이루어졌음을 자신에게 일깨우는 시간을 갖는다.

2. 아침에 부부싸움을 하다가 감정이 격해져서 서로 심한 말을 하고 말았다. 그리고 당신이 먼저 퇴근해서 집에 돌아왔다. 배우자가 퇴근해서 돌아오면 당신은 어떻게 하겠는가?
① 아무 일도 없었던 것처럼 행동한다.
② 시시비비를 마저 가려야 한다며 따진다.
③ 조용한 곳에 가서 저녁을 먹자고 제안한다. 그리고 서로가 서로에게 좋은 짝임을 생각하는 시간을 갖는다.

3. 교회 청년부 야유회에 보호자로 동행하겠다고 약속했는데 나중에 알고 보니 인라인스케이트를 타는 야유회였다. 당신은 평생 인라인스케이트는 타본 적도 없다. 어떻게 하겠는가?

① 어떻게든 되겠지 하는 마음으로 동참한다.

② 이유를 말하고 약속을 취소한다.

③ 야유회 가기 며칠 전부터 인라인스케이트를 빌려서 연습한다.

4. 오늘은 새 직장에 처음 출근하는 날이다. 책상 주위의 눈에 가장 잘 띄는 곳에 무엇을 붙여놓겠는가?

① 내 사진

② 업무 설명서

③ 좌우명과 힘이 되는 조언들

당신은 항상 긍정적인 마음가짐을 유지하는 데 바람직한 자극을 주는 행동을 해야 한다. ①번과 같은 반응이 한편으로는 대담하게 보일 수도 있겠지만, 문제가 생겼을 때는 당신을 위기로 몰아넣을 뿐이다. 긍정적인 마음가짐은 수동적이지 않다. 적극적이다.

또한 자신에게 실패하거나 실망하기 쉽다는 암시를 보내는 일이 없도록 경계해야 한다. ②번 답은 모두 실패가 코앞에 있다고 자신에게 말하는 것이다. 실패를 찾아다니는 사람은 실패하기가 더 쉽다.

　③번 답은 당신의 마음이 성공과 성취 능력에 대해 생각하고 복잡한
문제를 극복하도록 자극을 준다. 부정론자들은 그것을 공연한 허세라고
할지 모르지만, PMA를 조금이라도 체험해본 사람이라면 스스로 하고자
한 일은 어떤 일이든 해낼 수 있음을 알 것이다.

급소를 찌르는 한마디

● 당신 몸의 모든 움직임에 활력과 힘과 생명력을 불어넣어라. 당신 자신을 무언가를 위해 싸울 결의가 되어 있는 사람, 위대한 인물이 될 각오가 된 사람이 되게 하라. 우리 속에서 과감히 벗어나 자신의 길을 개척하라.

_ 오리슨 스위트 마든(미국 성공운동의 창시자, 하버드대 의학박사)

● 나의 철학은 내 인생에 대한 책임을 나만이 질 수 있다는 것이다. 하지만 이 순간 최선을 다한다면 다음 순간 당신은 최고의 자리에 오를 수 있다.

_ 오프라 윈프리(미국의 방송인)

● 절대 실패하지 않는다는 것을 안다면 당신은 지금 무엇을 시도하겠는가?

_ 로버트 슐러(미국의 목사)

● 자신에게 말하라. 나는 문제를 처리할 수 있도록 창조되었노라고.

_ 앤드류 카네기(미국의 사업가)

● 최고의 명수들은 어떤 상황에 대해서도 자기가 원하는 방식으로 바꾸어놓을 수 있다는 태도로 접근한다. 그들은 자신을 믿는 것이다.

_ 찰스 가필드(미국의 심리학자)

Think
And
Grow
Rich

STEP
8

목표를

세워라

66

종이에 당신의 목표를 적어라.
당신이 그 목표를 이루는 모습을 머릿속에 그려라.
당신의 단계별 계획을 글로 쓰고 또 써라
정확히 무엇을 원하는지,
정확히 언제 이루고 싶은지,
정확히 무엇을 바치려고 하는지
분명하게 써라.

99

당신의 인생이 갈 방향을 결정할 수 있는 사람은 당신뿐이다. 결정이 내려지면 마음의 주인이 되어 스스로 선택한 목표에 이르기 위해 주인의 권리를 행사해야 한다. 당신은 무슨 일이든 이룰 수 있다. 단 세상의 율법에 어긋나지 않고 타인의 권리를 침해하지 않는 일이라면 말이다. 당신은 자신이 이루고자 하는 어떠한 목표도 달성할 수 있을 것 같은 짜릿한 체험을 할 것이다.

목표를 세우는 것은 'STEP 2'에서 제시한, 자신이 원하는 일에 정신을 집중하는 것을 뜻한다. 당신은 하루 단위의 단기 목표와 1년, 10년 단위의 장기 목표를 세우는 법을 배워야 한다.

이것은 매우 중요하다. 종이에 당신의 목표를 적어라. 당신이 그 목표를 이루는 모습을 머릿속에 그려라. 기대에 찬 긍정적인 태도로 그것에 대해 자주 말하라.

목표 달성의 출발점은 'Desire(열망)'의 여섯 글자로 풀어 볼 수 있다.

Determine - 결정
Evaluate - 평가
Set - 설정
Identify - 일치
Repeat - 반복
Each day - 매일

D-E-S-I-R-E는 당신이 선택한 목표를 세우고 그것을 이룰 때 활용할 수 있는 방법이다. 당신이 원하는 것이 무엇인지를 결정하라. 구체적으로 말이다. 그리고 그것을 가지려면 당신이 무엇을 바쳐야 하는지를 평가하여 정하라.

당신이 그것을 언제 소유할 작정인지 확실한 날짜를 정하라. 당신이 원하는 것을 확실한 계획(목표 달성을 위한 실천계획)과 일치시켜라. 그리고 그 계획을 당장 실천에 옮겨라. '지금 당장 하라'는 말을 가슴에 담고 아침에 50번, 저녁에 50번, 낮 동안 틈이 날 때마다 열성적으로 빠르게 반복하라. 일주일이고 열흘이고 그 말이 당신의 잠재의식에 뿌리내릴 때까지 계속하라. 그러면 필요할 때 즉시 행동에 들어갈 수 있다.

당신의 단계별 계획을 글로 쓰고 또 써라. 정확히 무엇을 원하는지, 정확히 언제 이루고 싶은지, 정확히 무엇을 바치려고 하는지 분명하게 써라. 정확해야만 한다. 모호함은 목표 달성의 종말을 고하는 것이다.

매일 아침저녁으로 그 내용을 소리 내어 읽어라. 읽으면서 목표를 이룬 자신의 모습을 그려보라. 그것을 보라. 느껴라. 그리고 믿어라.

목표를 세우고 행동에 옮겨라

당장 목표를 세워라. 방금 배운 D-E-S-I-R-E 공식에 따라 행동에 옮겨라.

결정 : 당신은 무엇을 원하는가? 확실히 정하라.

평가 : 당신은 그것을 위해 무엇을 바치겠는가?

설정 : 당신이 원하는 것을 언제 이루겠는가?

일치 : 계획을 세워라. 그리고 계획에 맞춰 당신은 지금 무엇을 하겠는가?

반복 : 당신의 단계별 계획을 반복해서 글로 기록하라.

1단계 : _____

2단계 : _____

3단계 : _____

매일 : 아침저녁으로 이 글을 소리 내어 읽어라. 읽으면서 이미 목표를 이룬 자신의 모습을 머릿속으로 그려보라.

구체적인 목표가 성공을 부른다

데니스 킴브로와 함께 저술한 《생각하라, 그리고 부자가 돼라 : 흑인의 선택》에서 인생에서 무언가를 이루기 위해 목표를 갖는 것이 얼마나 중요한가를 강조했다. 그 예를 살펴보자.

미국의 여성 시인, 그웬돌린 브룩스는 한 번도 시인이 되겠다는 생각을 하지 않은 적이 없다. 그녀는 열다섯 살에 첫 시집을 내면서부터 찬사를 받기 시작했고, 그 찬사는 그녀가 흑인 최초의 퓰리처상 수상자가 되는 데까지 이어졌다.

세계적인 육상선수, 플로렌스 그리피스 조이너는 1984년 올림픽에서 은메달을 땄다. 그녀는 그것에 만족하지 않고, 다음 올림픽에서는 3관왕이 되겠다는 목표를 세웠다. 1988년 서울 올림픽에서 세계 신기록을 세우며 3관왕을 차지했다.

당신은 훌륭한 인물이 되겠다고 스스로 다짐하고 있을지 모르지만, 그것이 어떤 의미인지 정확히 정의하기 전에는 현재의 상태로 남아 있을 수밖에 없다. 구체적인 목표를 세워 실천해야 한다.

다음 질문에 정직하게 대답해보자.

1. 다음 중 당신이 이루고 싶은 목표에 대한 가장 올바른 설명은?

① 뚜렷한 목표가 없다.

② 직장에서 해고당하지 않기, 파산하지 않기, 병에 걸리지 않기, 가족들과 분쟁하지 않기.

③ 승진을 위한 분명한 계획, 확실한 경제적 목표, 건강을 위한 규칙적인 운동, 더욱 돈독하고 애정 깊은 부부 관계.

2. 당신은 목표를 이루기 위해 무엇을 하고 있는가?

① 목표를 이루면 어떤 삶이 펼쳐질지 환상에 젖는다.

② 손해 보는 일은 피하려고 발버둥 치고, 위기를 맞으면 그 즉시 처리한다.

③ 하루를 글로 기록하며 매일 점검하고 단기, 중기, 장기 계획을 세운다.

3. 당신은 목표를 이루기 위해 무엇을 바칠 수 있는가?

① 아무 생각이 없다.

② 여기까지 오는 데도 매우 힘들었으니까 되도록 적은 노력을 들이고 싶다. 그리고 빨리 부자가 되어야 한다.

③ 목표를 이루는 데 필요한 모든 시간, 에너지, 믿음, 공동체를 위한
서비스 등을 아낌없이 바치겠다.

4. 당신이 가장 최근에 목표를 점검한 때는?
① 아직 목표를 세우지 않았으므로 점검할 수가 없다.
② 지난번 위기가 닥쳤을 때다.
③ 매일 점검한다.

삶에 대한 수동적인 접근이 가진 가장 극명한 단점은 목표를 세우지
않는다는 점이다. 목표가 없다면 언제나 제자리걸음일 수밖에 없다. 아니
후퇴하는 것이다.

① 번 답은 당신이 지금의 현실에 만족하지 못하는 이유를 보여준다.
진정 자신이 원하는 것이 무엇인지도 모르면서 어떻게 현실이 마음에 들
지 않는다고 불평할 수 있겠는가?

많은 사람이 빠지는 함정은 자신에게 목표가 있다고 말하면서 그런
목표를 모두 부정적으로 표현하는 것이다. 앞에서도 밝혔듯이 자신이 바
라지 않는 일에 집중하면 십중팔구 그런 일이 일어난다. 1번과 2번 질문에
대한 ②번 답은 이러한 부정적인 마음가짐을 나타낸다.

기도의 경우와 마찬가지로 긍정적으로 표현한 목표라 할지라도 그저 바라기만 하면 이룰 수가 없다. 당신은 목표 달성을 위해 적극적으로 노력해야 하고, 당신이 원하는 것을 얻기 위해 무언가의 대가를 치러야 한다.

국가에 자동차를 제공하여 거부가 된 헨리 포드나 뛰어난 연기로 스타의 명예를 얻은 헨리 폰다처럼 무언가를 얻기 위해서는 주는 것도 있어야 한다. 3번 질문에서 ②번 답을 한 사람은 이런 사실을 배워야 한다.

4번 질문의 ③번 답은 목표를 향해 열중하는 것의 중요성을 강조한다. 당신은 날마다 목표를 실현하는 데 영향을 미칠 수도 있는 많은 결정을 내린다. 자신의 목표가 무엇인지 무심코 잊어버리는 일이 없도록 매일 확인하면 그 목표를 향해 효율적으로 나아갈 수 있다.

③번 답은 PMA의 목표 설정에 따른 삶에 대한 집중을 나타낸다. 당신은 자신이 무엇을 원하는지 정확히 알아야 하고, 그것에 생각을 집중해야 한다. 당신은 야망을 이룰 계획을 세우고, 그 계획을 자주 점검해야 한다. 당신의 모든 행동과 기도는 선택된 목표로 당신을 이끌어간다.

인생을 살다 보면 목표가 바뀌기도 한다. 이럴 때 고민할 필요 없다. 목표가 한 가지여야만 하는 것은 아니다. 살면서 지혜를 얻고 꿈에도 생각지 못했던 기회를 발견하면서 우리의 목표가 바뀔 수도 있다. 중요한 것은 목표를 정하고 나아가는 것이다.

당신이 원하는 것이 무엇인지를 깨닫고, 또 그것을 견지할 수 있다는 것을 체험을 통해 알았다면 그 기회가 나에게 온 것이 맞는 것인지 확신할 수 있을 것이다. 기회를 잡기로 했다면 확신을 갖고 그것을 껴안아야 한다. 이것이 PMA의 본질이다.

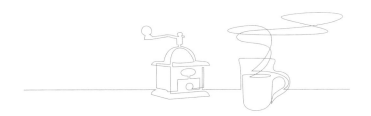

급소를 찌르는 한마디

● 목표에 따른 계획을 세우고, 기도하는 마음으로 준비하고, 적극적으로
진행하고, 끈질기게 추구하라.

_ 윌리엄 아서 워드(미국의 언론인, 칼럼니스트)

● 역동적인 목적은 삶의 강한 원동력이 된다.

_ 케네스 힐더브랜드(미국의 목사, 저술가)

● 사람들은 실패하기 위한 계획을 세우지 않는다. 계획을 세우는 데 실패
할 뿐이다.

_ 존 L. 버클리(미국의 사업가, 언론인)

● 이 세상의 위대한 일은 우리가 지금 서 있는 곳에 있지 않고 우리가 움
직이는 방향에 있다.

_ 올리버 웬델 홈즈(미국의 의학자, 작가)

● 행동에는 위험과 대가가 따르지만 편안한 부위의 장기적인 위험과 대
가에 비하면 아무것도 아니다.

_ 존 F. 케네디(전 미국 대통령)

● 당신이 가고 있는 곳에 대해 모른다면 매우 조심해야 한다. 그곳에 이르지 못할 수도 있기 때문이다.

_ 요기 베라(전 미국 뉴욕 양키스 야구팀 감독)

● 나는 언제나 훌륭한 인물이 되고 싶었다. 그러나 더 구체적이어야 했다.

_ 릴리 톰린(미국의 영화배우)

Think
And
Grow
Rich

STEP
9

공부하라, 생각하라,

그리고 계획하라

66

성공한 사람은 중요한 일에
많은 시간을 투자한다.
부를 이루거나, 직장에서 성공을 거두거나,
육체적·정신적·도덕적 건강을 얻기 위해
자기계발 서적을 읽고 공부한다.
하루 중 가장 좋은 시간을 공부하고,
생각하고, 계획하는 일에 투자하라.

99

당신이 인생에서 원하는 걸 모두 얻기 위해서는 긍정적인 마음가짐을 기르고 그것을 지켜나가야만 한다.

어느 날 한 신사가 나를 찾아와 자신에게는 많은 문제가 있다며 이야기를 시작했다. 그는 큰 보험회사에서 생명보험 영업사원으로 성공했지만, 개인적으로는 매우 불행했다.

내가 그에게 긍정적인 마음을 갖게 하는 자기계발 서적을 갖고 있는지 묻자, 그는 서재에 그런 책이 있을 거라고 대답했다.

그래서 내가 물었다.

"그 책들을 읽으십니까?"

"아뇨, 난 그럴 시간이 없어요."

여기서 발견한 사실은 성공한 사람은 중요한 일에 많은 시간을 투자한다는 것이다. 특히 부를 이루거나, 직장에서 성공을 거두거나, 육체적·정신적·도덕적 건강을 얻기 위해 자기계발 서적을 읽고 공부한다.

그러기 위해서는 날마다 자신만의 시간을 갖는 것이 중요하다. 최소한 15분에서 20분 정도 시간을 내서 다음과 같은 일을 해야 한다.

- 긍정적인 마음가짐으로 자신의 목표를 생각한다.
- 긍정적인 마음가짐으로 자신의 태도를 점검한다.
- 긍정적인 마음가짐으로 자신의 행동과 생각을 점검한다.
- 긍정적인 마음가짐으로 영감을 주는 자기계발 서적을 한 페이지, 한 단원, 한 구절이라도 읽는다.
- 긍정적인 마음가짐으로 공부하고, 생각하고, 계획하는 시간을 갖는다.

하루 중 가장 좋은 시간을

긍정적인 마음가짐으로 신바람이 가득한 미래를 준비하라. 당신은 무엇을 공부해야 할까?

영감을 주는 자기계발 서적이나 기사를 읽고 뉴스도 들어라. 15분 정도 시간을 내어 짧은 분량이라도 읽되, 글쓴이가 말하고자 하는 것이 무엇인지 이해하려고 노력해야 한다. 그리고 어떤 원칙이 당신에게 적용될 수 있는지 결정하라. 당신에게 도움이 될 것 같은 좌우명을 암기하라. 방해받지 않고 집중할 수 있는 환경을 택하라.

항상 메모지와 펜을 준비하라. 당신의 결심, 좌우명, 아이디어를 적어 두고 정기적으로 점검할 수 있는 PMA 노트 한 권을 따로 마련해서 미래를 위한 준비를 하라.

W. 클레먼트 스턴이 소설과 자기계발 서적의 차이점에 관해 얘기한 적이 있는데, 무엇인지 아는가? 소설은 작가가 결론을 쓰지만 자기계발 서적은 독자가 실천을 통해 결론을 쓴다는 것이다.

그러니 자신의 성공 이야기를 쓸 준비를 하라. 시간을 내라. 하루 중 가장 좋은 시간을 공부하고, 생각하고, 계획하는 일에 투자하라.

"훌륭한 아이디어야"

마이클 J. 리트는 10대 때 스턴의 회사에서 우편물을 취급하는 업무를 맡아 일했다. 당시 필름 제작과 녹음이 취미였던 리트는 스턴의 열띤 강연을 필름에 담거나 녹음하여 영업사원들에게 나눠주면 교육 효과가 크리라고 생각했다. 그래서 스턴에게 자신의 아이디어를 제시하기로 마음먹었다.

몇몇 동료는 공연히 사장에게 편지를 써서 회사에서 잘릴지도 모른다고 놀렸지만, 리트는 스턴에게 자신의 아이디어를 적은 편지를 보냈다. 스턴은 편지를 받고 한 시간쯤 뒤에 리트를 불렀다.

"분수를 알아야지. 이제 실업자로 놀고먹게 생겼군."
그의 동료는 이렇게 말했다.

리트는 떨리는 마음으로 스턴의 사무실 앞에 도착했다. 비서가 그가 왔다고 알리자, 스턴은 문을 박차고 나와서 그의 손을 덥석 잡으며 말했다.

"훌륭한 아이디어야! 더 자세히 말해보게."

평소에 유연하고 긍정적인 정신을 꾸준히 길러온 스턴은 리트의 아이디어를 열정적으로 받아들인 것이다. 그날 오후 스턴은 필름 제작과 녹음에 필요한 장비들을 구입하고 새로운 부서를 만들었다. 지금은 흔한 방법이지만 당시에는 획기적인 것이었다.

자신에게 다음과 같이 물어보자.

1. 날마다 공부하고, 생각하고, 원하는 것을 향해 나아갈 계획을 짜기 위해 나는 어떤 결심을 했나?

① 아직 아무것도 하지 않았다.

② 시간이 날 때마다 하겠다.

③ 날마다 아무런 방해도 받지 않고 그 일에 몰두할 수 있는 일정한 시간을 정해 놓겠다.

2. 일과를 끝낸 뒤 친구들이 만나자고 한다. 원래는 이 시간을 공부와 계획, 사색에 쓰려고 했다. 어떻게 하겠는가?

① 신나게 친구들을 만나러 간다.

② 갈지 말지 고민하겠지만 때로는 친구를 만나 긴장을 푸는 일도 중요하다고 자신을 합리화한다.

③ 공부를 한 뒤 친구들과 만나겠다고 한다. 힘든 하루를 보낸 자신에게 가장 필요한 것은 목표에 대한 서약을 재확인하고 결의를 굳히는 일이기 때문이다.

3. 당신은 읽을거리를 어떻게 고르는가?

① 읽지 않는다.

② 반복되는 일과의 중압감에서 벗어나게 해주는 것을 선택해 읽는다.

③ 자서전, 자기 계발, 시사 문제를 분석한 글, 위대한 문학작품 등을 폭넓게 읽는다.

4. 무언가를 읽고 난 뒤에는 어떻게 하는가?

① 쉰다.

② 바로 다음 읽을거리를 찾는다.

③ 책이 담고 있는 함축된 의미에 대해 깊이 생각해보고, 내 인생과 관련지어서도 생각해본다. 삶에 대한 통찰을 기록해 놓는 일기장에 그 책을 통해 깨달은 점을 적어 놓거나 특별히 중요한 부분을 인용해 놓는다.

긍정적인 마음가짐으로 공부하고 계획하는 시간을 따로 마련해 놓으면 그 시간이 엄청난 도움을 준다는 걸 알게 될 것이다. 처음에는 그것이 일로 여겨질 수도 있겠지만, 그것이 곧 기회가 된다는 것을 기억하라.

토머스 에디슨은 이렇게 말했다. "많은 사람은 기회가 와도 알아보지 못하는데, 그것은 기회가 일처럼 보이는 외투를 입고 오기 때문이다."

위의 ①번 답은 시간을 신중히 관리하면서 맛보는 신바람과 만족을 완전히 외면한다. 왜 자신에게 일어날 좋은 일에 대해 생각하지 않으려고 하는가? 누군가 당신에게 하루에 20분씩만 투자하면 지식이 두 배가 될 수 있다고 말한다면, 당신은 그 20분을 덥석 잡으려 하지 않겠는가? 당연히 잡아야 할 것이다.

시간에 대해 독한 다짐이 있어야 한다. 데니스 코너가 말한 '서약에 대한 헌신'이 바로 이것이다. 당신이 마음을 넓히는 일에 몰두할 시간을 내지 못하도록 유혹하는 일은 수없이 많다.

만일 당신이 그 유혹에 넘어가 자신과의 약속을 지키지 못한다면, 당신이 거두어야 할 수확은 빈 바구니가 될 것이다. 약속을 지키지 못할 핑곗거리만 자꾸 찾았기 때문이다.

공부하고 계획하는 시간을 만드는 일의 핵심은 자신에 대한 도전에 있다. 당신의 상황에 새 빛을 던져줄 새로운 세계, 새로운 철학을 탐구하라. 거기에는 헤아릴 수 없이 많은 방법이 있다.

혹시 늘 관심이 갔으나 탐구할 기회가 없었던 배움의 분야가 있는가? 그렇다면 지금 시작해보라. 당장 성과를 거두지 못할 수도 있겠지만, 결국 당신이 기대하지도 못한 방식으로 보상이 돌아올 것이다.

예를 들면 당신이 최고급 포도주에 관심이 있다고 하자. 당신은 그에 관한 자료를 읽으면서 지리학, 농업, 역사, 음식, 문화의 차이, 화학, 심지어

마케팅에 이르기까지 온갖 종류의 지식을 얻을 것이다. 그것들 가운데 당신이 다음에 탐구할 분야는 어떤 것인가? 당신은 거기서 어떤 기회를 발견하겠는가?

어른들에게 야단 맞을까봐 억지로 학교에 가서 공부하는 나이는 지났다. 당신이 보내는 시간은 당신 스스로 선택한 것이다. 당신에게 도움이 되는 시간으로 만들어라.

급소를 찌르는 한마디

● 내게 독서는 예전이나 지금이나 혁명적인 행위다. 독서는 나의 마음을 넓혀주며 영혼의 혁명, 정신의 혁명, 사회의 혁명 등에 필요한 도구를 제공한다. 독서하고, 배우고, 꿈꿔라.

_ 버티스 베리(미국의 사회학자, 방송인, 작가)

● 위대한 이들이 도달하고 지키는 성상은 갑자기 날아오른 곳이 아니다. 동료들이 잠든 한밤에도 그들이 땀 흘려 올라간 곳이다.

_ 헨리 워즈워스 롱펠로(미국의 시인)

● 시간은 인간이 쓸 수 있는 것 중에서 가장 소중하다.

_ 디오게네스(고대 그리스의 철학자)

● 호기심은 최초의 학교다.

_ 스마일리 블랜턴(미국의 정신분석학자)

● 근면은 행운의 어머니다. 하나님은 근면한 사람에게 모든 것을 주신다.

_ 벤자민 프랭클린(미국의 정치가)

ESSENTIAL

아침에 20분, 저녁에 20분 정도 시간을 낼 수 있다면 일주일에 다섯 시간 가까이 자신을 위한 시간을 가질 수 있다. 1년으로 치면 열흘이 넘는 시간이다. 그 시간을 공부하고, 생각하고, 계획하고, 기도하는 데 쓸 수 있는 것이다. 남는 시간을 아껴 PMA, 즉 긍정적인 마음가짐으로 사고할 시간을 가져라.

여기 창조적인 사고에 관한 이야기가 있다. 이것은 실화다. 내가 처음에 이 이야기를 들었을 때 그랬던 것처럼 당신도 귀가 솔깃할 것이다.

한 8년 전쯤 앤소니 애서너스가 보스턴에 '앤소니스 피어 4'라는 레스토랑을 열었다. 개업일 저녁에 어떤 손님을 초대했으리라고 생각하는가? 대통령이나 주지사? 탤런트나 영화배우? 아니다. 그는 보스턴 시내의 모든 택시운전사와 그들의 아내 혹은 여자친구를 초대했다.

'앤소니스 피어 4'는 미국에서 가장 성공한 레스토랑 가운데 하나다. 내가 그랬듯이 대부분의 사람이 보스턴을 방문하면 택시를 타고 운전사에게 이렇게 물어본다.

"여기에서 가장 좋은 레스토랑이 어딥니까?"

운전사가 어떻게 대답할지 짐작이 가지 않는가?

앤소니는 공부하고, 생각하고, 계획하는 데 몰두할 시간을 내어, 자신이 성공할 수 있는 비결을 찾았고 결국 성공을 거뒀다.

자신에게 질문하라. 그리고 그것을 글로 적어라. 앤소니는 창조적인 사고를 통해 답을 얻었다. 자신에게 질문을 던질 때 많은 가능성을 고려하라. 그리고 가장 바람직한 것으로 결정하라. 그런 다음 그것을 당신의 PMA 노트에 기록해야 한다.

되도록 매일 자신을 점검하는 시간을 갖는 것이 절대적으로 필요하다. 날마다 당신의 PMA 노트를 활용하라.

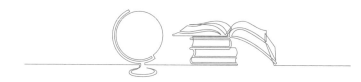

W. 클레먼트 스턴이 소설과 자기계발 서적의
차이점에 관해 얘기한 적이 있는데, 무엇인지 아는가?
소설은 작가가 결론을 쓰지만 자기계발 서적은
독자가 실천을 통해 결론을 쓴다는 것이다.
그러니 자신의 성공 이야기를 쓸 준비를 하라.

당신이 보내는 시간은 당신 스스로 선택한 것이다.
당신에게 도움이 되는 시간으로 만들어라.

Think
And
Grow
Rich

날마다

PMA를 실천하는 사람

> 나는 10대 시절부터
> 다른 사람이 보내는 부정적인 말을
> 무시할 수 있도록 훈련했다.
> 누군가가 '넌 그걸 할 수 없어'라고 말하면
> 잠재의식은 즉각 나의 의식에 긍정적인 해석을 보낸다.
> '너는 못 하지만 나는 할 수 있어!'
> 나는 긍정적인 해석이 자동적이고
> 즉각적인 반응으로 자리 잡을 때까지
> 계속 연습했다.

긍정적인 마음가짐의 힘은 어마어마하다. 그것은 당신이 원하는 곳 어디라도 데려다줄 수 있다. 그것은 헤아릴 수 없이 많은 평범한 사람이 부와 행복, 성공의 자리로 올라서도록 돕는 든든한 디딤돌이다.

　　긍정적인 마음가짐을 가능한 모든 방법으로 활용한 W. 클레먼트 스턴은 건설적인 자세가 어떤 효력을 나타내는지 보여준다. 나는 그보다 긍정적인 마음가짐을 더 잘 활용하는 사람을 본 적이 없다.

　　어느 면에서 보나 스턴의 삶은 성공적이다. 그는 95세가 넘을 때까지 건강하게 살았고, 75년 동안 행복한 결혼생활을 유지했으며, 평생 부족함 없는 부를 축적하였으며, 동료들의 존경을 받았다. 미국 최대의 보험회사인 '에이온 보험'의 명예회장으로 지낸 그는 수억 달러의 돈을 자선단체와 가난한 사람들에게 기부했다.

또한 세 권의 책을 써서, 긍정적인 마음가짐에 대한 자기 생각을 사람들과 나누는 즐거움을 누렸다. 말과 행동으로 행해지는 긍정적인 마음가짐이 이루는 경이로운 일들을 세상 사람에게 보여주었다.

이번에는 이 책에서 제시한 긍정적인 마음가짐을 기르는 9단계를 W. 클레먼트 스턴이 어떤 식으로 실천해왔는지 살펴보겠다. 그의 삶을 자세히 조명해보면, 당신의 삶 속에서 긍정적인 마음가짐의 힘을 활용하는 방법을 더 많이 찾아낼 수 있을 것이나.

Step 1 신념을 갖고 자기 마음의 주인이 돼라

이 단계에서 마음에 지니라고 했던 신념을 기억하는가? 그 신념의 가장 중요한 부분 중 하나는 바로 이것이다. '나는 긍정적인 마음가짐을 기르기 위해 나의 감정, 기분, 느낌, 지성, 경향, 태도, 열정, 습관 등을 지배하고 감독할 수 있다고 믿는다.'

자신의 마음을 지배할 수 있다는 생각에 대해 스턴은 이렇게 말했다.

"나는 오래전부터 우리가 일상에서 마주치는 부정적인 영향에 맞설 수 있도록 의식적으로 생각과 말을 가려 써야 한다고 주장해왔다. 나는 10대 시절부터 다른 사람이 보내는 부정적인 말을 무시할 수 있도록 훈련했다. 만일 누군가가 '그건 될 수 없어' 혹은 '넌 그걸 할 수 없어'라고 말하면 나의 잠재의식은 즉각 나의 의식에 긍정적인 해석을 보낸다. '너는 못 하지만 나는 할 수 있어!' 나는 긍정적인 해석이 자동적이고 즉각적인 반응으로 자리 잡을 때까지 계속 연습했다."

스턴의 말은 과장이 아니다. 과장은커녕 오히려 실제 이야기의 일부분일 뿐이다. 19세기에서 20세기로 넘어가는 시기에 시카고에서 태어난 그는 세 살이라는 어린 나이에 아버지를 잃었다.

그의 어머니는 두 식구의 생계를 위해 뼈 빠지게 일했지만, 형편은 좀처럼 나아지지 않았다. 스턴은 겨우 여섯 살 때부터 길모퉁이에서 신문을 팔기 시작했다. 다른 신문팔이 소년들은 모두 10대였고 그들의 세계는 비정했다. 그들은 어린 스턴을 몰아내기 위해 사정없이 두들겨팼다.

하지만 스턴은 기죽지 않았다. 길모퉁이 자리를 빼앗긴 그는 레스토랑과 상점들을 돌아다니며 신문을 팔기 시작했다. 그는 "행동을 통해 공포를 이겨내는 법을 배우기 시작했던 거지요"라고 말했다.

그렇게 공포를 무릅쓰고 행동하는 능력, 삶에서 부딪치는 부정적인 힘을 마음의 긍정적인 힘으로 이기는 능력이 PMA 활용의 본질이다.

긍정적인 생각과 행동으로 부정적인 경험에 맞서기가 늘 쉽고 간단하기만 한 것은 아니다. 그래서 스턴은 항상 '좌우명', 즉 꺼져가는 긍정적인 마음가짐의 불길을 다시 활활 타오르게 해주는 인상적인 문구를 늘 되새겼다.

스턴의 개인적인 좌우명을 소개하면 다음과 같다.

- 지금 당장 시작하라!
- 우리에게는 문제가 있다. 하지만 그게 무슨 문제가 되는가?
- 이상은 높게!
- 긍정적인 마음가짐을 소유하는 자는 역경이 닥칠 때마다 그와 대등하거나 그보다 큰 이익의 씨앗을 얻는다!
- 성공을 이루고 지켜가는 사람은 긍정적인 마음가짐을 지니고 노력하는 사람이다!

모두 강렬한 좌우명이다. 그리고 마음에 강한 파문을 일으키도록 느낌표를 붙여놓는다. 이것이 바로 자기 마음의 주인이 되라는 의미의 핵심이다. 당신에게 일어나는 모든 일을 스스로 평가할 수 있는 마음가짐을 택하라는 것이다.

스턴은 이렇게 강조한다.

"성공할 사람과 실패하고 패배할 사람을 구분하는 단 하나의 특성은 바로 긍정적인 마음가짐이다. 부정적인 사람의 눈에는 문제점이 보이지만 긍정적인 사람의 눈에는 기회가 보인다. 긍정적인 마음가짐을 가지면 당신에겐 무한대의 가능성으로 가득한 미래가 펼쳐질 것이며, 긍정적으로 행한다면 엄청난 수입을 얻게 될 것이다. 그 모든 것이 다 자신에게 달려 있음을 깨달으라."

Step 2 자신이 원하는 일에 정신을 집중하라

이것은 1단계의 논리적 결과이며, 긍정적인 마음가짐의 일반적인 개념을 구체적으로 적용한 것이다. 이 단계는 확고한 노력을 요구한다. 하지만 걱정과 공포에서 해방될 수 있고, 당신이 원하는 것을 얻는 데 필요한 상황을 만들어낼 수 있다.

"우리는 태어날 때부터 부정적인 마음가짐을 갖도록 유도되지요. 이건 하면 안 된다, 저건 불가능하다는 말을 귀가 아프도록 듣습니다. 이런 부정적인 힘을 억제하려면 의도적이고 의식적으로 지속적인 노력을 해야 합니다."

세일즈맨으로 90년이 넘게 살아온 스턴은 잠재 고객, 즉 고객이 될 가능성이 있는 사람과 만날 때 "노!"라는 답을 듣는 것은 당연하다고 생각한다. 최고의 세일즈맨이라도 얼마든지 거절당할 수 있다.

그러나 실망하지 않는다. "노!"라는 답을 듣는 것을 두려워하는 것이 아니라 "예스!"라는 대답을 들을 수 있도록 온 마음을 집중하고 노력한다.

스턴은 종종 이렇게 말하곤 한다.

"행복과 불행, 성공과 실패의 차이는 당신의 태도가 긍정적이냐 부정적이냐는 것에서 나옵니다. 당신의 태도는 인생에서 당신이 절대적이고 전면적인 지배권을 갖는 몇 안 되는 것들 가운데 하나지요."

스턴은 부정적인 생각에 휘둘릴 것 같은 상황에 처할 때마다 다음과 같은 방법으로 긍정적인 생각에 집중하라고 말한다.

스스로를 격려하라

운동선수가 다가올 시합에 집중하고, 배우가 공연에 앞서 자신의 배역에 집중하듯이, 당신도 해야 할 일에 집중하라. 당신은 승리를 위해 준비하고 있다. 잘할 수 있음을 스스로에게 말해 주고 승리의 감격을 맛보는 상황을 상상해 보라.

자신감을 가져라

어떤 말, 어떤 행동이 오가든 간에 판매는 이루어지리라는 걸 알고 있어라. 잠재 고객이 당신의 상품이나 서비스를 원하지 않는 이유를 당신이 설득당하거나 아니면 그에게 당신의 상품이나 서비스에 대한 필요를 설득하거나 둘 중 하나다.

당신이 거래를 주도할 것이며, 꼭 팔고야 말겠다는 자신감으로 나아가라. 노력해도 도무지 자신감이 생기지 않는다면 먼저 자신감 넘치는 것처럼 행동하라. 그러다 보면 곧 자신감이 생길 것이다.

긴장을 풀어라

초조하거나 겁을 먹고 있거나 감정 조절이 어려울 때에는 부정적인 감정을 상쇄할 수 있도록 긍정적이고 열띤 어조로 말하라. 무릇 감정이란 항상 이성의 뜻대로 움직이는 것은 아니지만 '행동'에는 꼼짝없이 지배되고 만다.

가장 효과적인 방법은 미소를 짓는 것인데, 얼굴뿐 아니라 눈으로도 웃어야 한다. 웃음과 유머를 이용해서 긴장을 풀어라. 상대도 따라 웃거나 미소 지으며 긴장을 풀 것이다. 상대의 감정과 관계없이 당신이 하는 말의 내용과 방식, 당신이 하는 행동의 내용과 방식이 상대에게 영향을 미친다.

스턴은 언제나 이 마지막 테크닉의 명수였다. 눈에 띄는 말쑥한 차림을 고수했고, 끝이 위로 올라간 콧수염을 트레이드 마크처럼 길러서 늘 웃고 있는 듯한 인상을 주었다.

그는 중역회의든 영업회의든 회의를 할 때마다 항상 좋은 소식을 나누는 것으로 시작했는데, 보통 다섯 가지 이상의 좋은 소식을 나눴다. 특히 최근에 일어난 모든 긍정적인 일에 대해 흥분했다. 그것을 이용하여 의욕을 불태웠으며, 그 불길을 주위의 모든 사람에게 전파했다.

그는 계획대로 진행되지 못한 일에 대해 보고하거나 눈빛이 흐리멍덩한 사람과 이야기하는 자리에서조차도, 그의 목적이 무엇이든 관계없이 모든 사람의 마음을 현재 진행되고 있는 좋은 일에 집중하도록 유도했고, 그 일이 이루어지도록 만들었다.

스턴의 엄청난 정신력을 보여주는 또 다른 예가 있다. 나는 친구로서, 동업자로서 오랜 세월 그와 알고 지냈지만, 그가 어떤 실패를 해도 '빌어먹을' 이라는 말보다 심한 말을 하는 것을 보지 못했다. 어마어마한 재산을 가진 사람으로 여러 분야에 이해관계를 갖고 있다 보니 나쁜 소식을 접하는 일이 적지 않을 텐데도 그가 보여주는 정신적 통제력은 놀라울 따름이다.

사람이라면 누구나 이따금 자기도 모르게 욕설이 튀어나오게 마련이다. 그러나 욕설은 분노와 좌절감이 폭발할 때 터져나오는 것이므로, 부정적인 태도가 우리를 기습할 때 그 위력이 얼마나 가공할 만한 것인지를 보여준다.

스턴이 욕을 하지 않는다는 것은 그가 어떤 상황에서도 정신적으로 긍정의 선을 넘지 않는 경지에 올라섰음을 증명하는 것이다.

실패에 맞서 마음의 통제력을 잃지 않는 것은 벤치프레스에서 정해진 횟수보다 한 번 더 바벨을 들어올리는 것과도 같다. 그러면서 전보다 더 강인하게 정신력을 단련시키는 것이다.

자신에 대한 의심을 자신감으로 바꾸는 습관이 몸에 밸 때까지 부단히 갈고 닦아야 한다. 우리의 근육이 운동과 끊임없는 움직임을 통해 튼튼하고 탄력적으로 변하듯이 우리의 마음도 마찬가지다.

Step 3 남에게 받고 싶은 대로 줘라

'남에게 받고 싶은 대로 줘라.' 이 말은 어렸을 적부터 너무 많이 들어서 이제는 귓등으로 흘려버릴지도 모른다. 물론 그렇게 하면 PMA의 근본 개념이 제공하는 지혜와 이득을 스스로

차버리는 꼴이 된다.

스턴은 오랜 세월 사업을 하면서 무수한 영업사원과 종업원을 만났다. 그는 다른 사람과의 관계에서 자신을 아낌없이 내주었다. 시간이든 돈이든 아무리 주어도 어떤 방식으로든 되돌려받는다는 걸 알기 때문이다.

마이클 J. 리트는 갓 결혼해서 처음으로 집을 장만하려고 애쓰던 중에 스턴이 얼마나 인심이 좋은 사람인지 알게 되었다. 그는 대출을 신청했지만, 월수입이 대출자격보다 30달러가 적어서 대출을 받을 수 없었다.

그가 대출을 거부당했다는 소문이 회사에 돌았고, 그 소문을 들은 스턴은 그를 사무실로 불렀다.

"마이클, 월급이 겨우 30달러 모자라서 대출을 받지 못했다는 소문이 사실인가?"

마이클이 그렇다고 하자 그는 기분이 상한 얼굴이 되었다.

"그런데 왜 나를 찾아오지 않았지? 기꺼이 도와줬을 텐데."

그러면서 스턴은 즉석에서 마이클이 대출을 받아 집을 살 수 있도록 월급을 올려주었다.

월 30달러는 스턴에게는 적은 돈이었지만 마이클에게는 큰 의미가 있는 돈이었다. 마이클은 더욱 열심히 일하는 것으로 스턴의 배려에 보답했다. 밤늦게까지 야근을 했고 주말에도 사무실에 나가서 열심히 일했다.

　스턴은 늘 자신의 것을 아낌없이 나누면서 살았다. 그렇다고 그의 것이 줄어든 것이 아니었다. 오히려 더 많은 것으로 채워졌다.

　어느 날 신문에 집을 잃은 가족과 타지에서 와서 돈을 몽땅 도둑맞은 부부에 대한 기사가 실렸다. 그리고 며칠 후 집을 잃은 가족에게 옷을 주고, 타지에서 온 부부에게 호텔비와 집에 돌아갈 여비를 마련해준 익명의 독지가에 대한 짤막한 기사가 소개됐다. 안타까운 이야기를 알고 측은해 하는 마음으로 도와준 독지가가 바로 스턴이다.

　그는 이런 글을 쓴 적이 있다.

　"우리는 많이 벌수록 다른 사람에게 많이 베풀어야 한다. 내가 확실히 배운 한 가지는 진정으로 성공한 사람은 자신의 부를 다른 사람과 나누는 일을 습관으로 삼는다는 것이다. 자신의 것을 아낌없이 줄 때, 대가를 바라지 않고 선행을 베풀 때, 놀라운 기쁨을 느낄 수 있다는 걸 체험을 통해 배운다. 그리고 많이 베풀수록 더 베풀고 싶어진다."

　스턴은 '남에게 받고 싶은 대로 주라'는 원칙을 작은 일에서만 실천하지 않았다. 그는 미국 인디언센터, 미국 소년소녀

단, 시카고 리릭 오페라, 매사추세츠 눈&귀 병원, 기독교인과 유대인 연맹, 구세군 같은 다양한 분야의 뜻있는 단체에서 벌이는 모금운동에도 거금을 내놓고 있다.

그의 특별한 성공이 특별한 자선활동을 가능하게 했지만, 이런 아낌없는 베풂 뒤에는 그 나름의 사고방식이 있다.

누군가 스턴에게 그가 돕고 있는 사람이 공돈 좀 벌려고 이용하는 건지도 모른다는 의심은 들지 않느냐고 물었다. 그러자 스턴은 빙그레 웃으며 대답했다.

"나를 찾아오는 사람이 그냥 기회주의자일 뿐인지, 아니면 하나님이 보내신 진짜 도움이 필요한 사람인지 난 구분할 재주가 없어요. 하지만 그들이 나를 찾아온 건 하나님이 그들을 도우라고 내게 보내셨기 때문이라고 생각하고 행동하지요. 나는 하나님이 내게 베푸신 은혜를 그들에게 갚는 것 뿐입니다."

어쩌면 당신은 아직 금전적으로 마음껏 베풀 수 있는 형편이 못 될지도 모른다. 그러나 도움의 손길을 내미는 사람에게 (굳이 도움을 청하지 않는 사람이라도) 당신의 시간과 선의와 열의는 얼마든지 베풀 수 있다. 당신이 만나는 모든 사람에게 공정하게 대하고 그들의 인격을 존중해준다면, 그들 또한 당신을 그렇게 대하리란 걸 믿어도 좋다.

Step 4 자기 점검을 통해
부정적인 생각을 제거하라

누구나 부정적인 생각을 갖고 있다. 공포와 의심은 인간의 본성이다. 하지만 성공한 사람은 그런 부정적인 생각을 가려내 물리친다.

스턴이 처음 보험사업에 진출하는 일은 쉽지 않았다. 그의 어머니는 디트로이트에 조그만 대리점을 마련한 뒤 아들에게 단 하루 동안 보험증서를 읽어볼 시간을 주었다. 그런 다음 길 건너편의 큰 빌딩을 가리키며 그곳에 가서 영업을 시작하라고 했다.

첫날, 스턴은 무수한 사람을 만났지만 겨우 두 사람의 고객을 얻었다. 그리고 다음 날에는 넷, 그 다음 날에는 여섯을 얻었다. 그의 실적은 꾸준히 높아졌다. 하지만 그래도 아침마다 그 빌딩에 들어갈 때면 주저하고는 했다. 그는 이렇게 회고했다.

"문을 여는 순간 두려움이 몰려옵니다. 하지만 좀 생각을 한 뒤에 나 자신을 타일렀어요. '성공은 도전하는 자가 이룬다. 아무 것도 하지 않으면 아무 것도 이룰 수 없다. 도전해서 실패해도 잃는 건 없지만, 성공한다면 엄청나게 많은 것을 얻는다. 밑져야 본전인 것이다. 그러니 반드시 도전하라.' 이렇게 되뇌이며 나아가지만 그래도 겁이 났어요. 행동으로 현실에 부딪혀야 했으니까요. 그때 위대한 좌우명 하나를 생각해냈지요. '지금 당장 시작하라!' 나는 이런 식으로 행동을 조종하는 습관을 기를 수 있다는 걸 깨달았지요. 한 사무실에서 나오면 급히 다음 사무실로 달려갔어요. 주저하는 마음이 생기면 속으로 이렇게 되뇌었지요. '지금 당장 시작하라!'

한번은 사업장에 있을 때였는데 그때까지도 마음이 불안했어요. 하지만 목소리를 조절해서 모르는 사람과 얘기하면 두려움을 이겨낼 수 있다는 걸 깨달았지요. 나는 큰소리로 빠르게 말했어요. 그러면서도 계속해서 목소리에 웃음기를 담았고 상황에 맞게 목소리를 조절했지요. 나중에 알게 되었는데 이 기술은 하버드대학교 심리학과 교수인 윌리엄 제임스 박사가 내놓은 심리학 이론에 근거를 두고 있었어요. 공포와 같은 감정은 항상 이성의 지배를 받진 않지만, 행동에는 반드시 즉각적으로 지배된다는 것이지요. 생각만 가지고는 두렵고 부정적인 감정을 없앨 수 없지만, 행동으로는 없앨 수 있다는 겁니다.

내가 신문을 팔 때도 마찬가지였어요. 일단 행동에 들어가서 공포를 무릅쓰고 어떤 일을 하면 공포라는 부정적인 감정은 결국 사라지게 되지요. 공포를 이겨내려면 용기와 참을성과 배짱이 필요합니다. 그것들은 생각과 행동을 통해 얻는 습관이지요. 자신은 깨닫지 못하고 있을지 몰라도 사람은 누구나 잠재적으로 용기와 참을성과 배짱이 있어요. 당신이 지닌 이러한 잠재력을 이용한다는 건 그것을 이용하는 습관을 기르기 시작하는 것이지요. 그리고 목표 달성, 참을성, 굳은 마음, 용기, 지구력, 열정, 큰 거래를 성사시키기 위한 끈질긴 노력 같은 것을 습관화하면 당신은 최고의 영업사원이 될 수 있습니다.”

반복의 힘은 확실히 당신이 스스로 부과한 가치 있는 임무를 수행할 때 도움이 된다. 반복의 힘은 당신이 난관과 실패를 거뜬히 이겨내도록 도와주고 마음속으로 슬그머니 기어드는 우울한 생각을 떨쳐버리게 한다.

사실 긍정적인 마음가짐을 갖고 삶을 개척하려는 사람에게도 부정적인 생각은 여지없이 찾아든다. 부정적인 생각의 덫에 걸리기 가장 쉬운 경우는 자신의 부정적인 생각을 다른 사람에 대한 불만의 형식으로 나타낼 때다. 그것은 얼핏 긍정적인 태도로 보일 수도 있는데, 어쨌거나 자신에 대해서 나쁘게 말하지 않기 때문이다.

그러나 다른 사람의 일하는 습관이나 성격을 좋지 않게 여기고 헐뜯는 것은 부정적인 마음가짐을 드러내는 표시다. 그런 식으로 자기가 나아 보일 수 있다고 생각한다면 그것은 자신을 우롱하는 행위일 뿐이다.

거대한 규모의 세일즈 군단을 지휘하는 스턴은 부하 직원들이 서로에 대해 평하는 걸 들을 기회가 많았다. 그는 부하 직원의 입에서 동료를 욕하는 말이 나오기가 무섭게(그것이 비방이 아니라 실제로 문제를 지적하는 것이라도) 이렇게 말한다.

"그만! 먼저 그 사람의 좋은 점 다섯 가지를 말한 뒤에 그래도 더 할 말이 있으면 그 때 말하게."

이 기술은 긍정적인 면을 먼저 보도록 만들기 때문에 효과 만점이다. 거의 언제나, 일단 좋은 일 다섯 가지를 말하고 나면 나쁜 부분은 매우 사소하게 여겨진다.

당신의 마음에서 끈질기게 고개를 드는 부정적인 생각에 대해서도 위의 방법이 통할 것이다. 먼저 그 상황에 대한 좋은 점 다섯 가지를 찾아보면, 당신이 애초에 어떤 불만을 말하려고 했는지조차도 기억이 나지 않을 것이다.

Step 5 행복하라! 다른 사람을 행복하게 하라

행복은 무시무시한 전염성과 매력을 지니고 있다. 파티장에 들어갔는데, 한쪽에는 즐겁게 웃는 사람들이 모여 있고, 다른 쪽에는 잔뜩 찌그린 얼굴을 한 사람들이 모여 있다면 당신은 어떤 사람들 곁으로 가고 싶은가?

당신이 스스로 행복해지려고 노력한다면 당신 주위의 사람들도 행복해질 것이다. 이것은 간단한 원칙인데도 많은 사람이 실천할 생각을 못 한다. 물론 모든 일이 순조롭게 풀릴 때는 쉽게 행복해지기 마련이다. 하지만 일이 뜻대로 되지 않을 때 행복한 마음을 갖는 것이 훨씬 더 중요하다.

스턴이 즐겨 하는 이야기 중에 니드로 할머니의 일화가 있다. 그녀는 말년에 시력을 잃고 몹시 상심했다. 그러나 그것도 잠시 니드로 할머니는 타고난 PMA를 끌어내어 장애를 받아들이고, 대신 자신의 태도를 바꾸기로 결심했다.

니드로 할머니의 손녀는 스턴에게 이렇게 말했다고 한다.

"할머니께선 제게 잠자리에 들기 전에는 그날 일어났던 좋은 일에 대해 감사기도를 드리고, 아침에 일어나면 제 인생의 모든 좋은 일에 대해 감사기도를 드려야 한다고 하셨죠. 할머니의 말씀을 따르자 저는 매일매일을 행복감과 만족감에 가득 찬 시간들로 보낼 수 있었어요. 내가 바꿀 수 없는 일에 대해 걱정하는 대신 내가 바꾸고 싶지 않은 일들, 내가 사랑하는 것들, 나를 사랑해주는 사람들, 내게 주어진 행운 같은 것들에 대해 생각했거든요. 할머니는 제게 날마다 긍정적인 마음가짐으로 하루를 시작하라고 가르치신 거지요."

스턴은 우리 마음의 행복과 불행이 우리 인생의 세세한 부분에 어떤 식으로 영향을 미치는지 안다. 그는 이런 이야기를 한 적이 있다.

"나는 니드로 할머니의 일화를 이용해서 젊고 유능한 세일즈맨의 문제를 해결해준 적이 있어요. 그는 눈이 멀지도 않았고, 건강을 잃은 것도 아니었고, 수입도 제법 많았지요. 사람들은 그가 갖고 싶은 건 다 가진 사람이라고 생각했어요. 사실 그랬지요. 하지만 그는 특별한 이유도 없이 불행해 했어요. 그와 긴 대화를 나눈 뒤, 난 그가 대인관계에서 적대감을 쌓아왔고, 그것이 바로 불행의 원인이었음을 간파할 수 있었어요. 세일즈맨인 그는 고객의 반응에 민감했어요. 그는 고객을 사로잡았지요. 하지만 세일즈를 떠난 친분관계나 부하 직원에 대해서는 무신경했어요. 그는 사람들과 공격적이고 경솔한 태도로 논쟁을 벌이다가 상대가 적대적인 반응을 보이면 놀라는 것 같았어요. 사람들은 그를 좋아하지 않았지요. 그도 그들이 싫었고요.

나는 그에게 태도를 바꾸면 인생을 바꿀 수 있다는 걸 보여주기 위해서 니드로 할머니의 얘기를 들려줬지요. 나는 이렇게 말했어요. '자넨 영업 실력이 뛰어나네. 고객이 아닌 동료나 부하 직원, 친분 관계에 있는 사람들에게도 부정적인 태도가 아닌 긍정적인 태도를 보인다면 그들의 호의를 얻을 걸세. 그들과 대화할 때 말의 내용이나 태도에 신경을 쓰게.'

처음에 그는 방어적인 태도를 보였는데, 그건 타인에게 무신경한 사람이 흔히 보이는 반응이지요. 하지만 그에겐 자기방어보다 문제 해결이 더 중요했어요. 그는 진심으로 자신을 바꾸고 싶어 했어요.

　그가 묻더군요. '제가 어떻게 하면 좋겠습니까?' 나는 대답했어요. '자기암시를 이용하게. 일주일이나 열흘 동안 아침저녁으로 50번씩 온 마음을 다해 이렇게 반복하게. '남에게 받고 싶은 대로 주자. 남이 나에게 하지 말았으면 하는 말이나 행동은 나도 남에게 하지 말자.' 자네에겐 다른 사람의 기분을 헤아리고 시의적절한 말을 가려 해서 그들의 마음을 끌 수 있는 능력이 있다네.'

　그리하여 곧 놀라운 일들이 일어나기 시작했어요. 그의 동료와 부하 직원, 친구들은 그의 변화를 감지했지요. 그리고 자연스럽게 그들과 관계가 좋아졌어요. 무엇보다 중요한 것은 그가 태도를 바꿔 부정적인 인생에서 벗어나 긍정적인 인생을 살게 되었다는 것입니다."

　물론 충고를 하는 스턴 자신이 활달하고 행복한 사람이 아니었다면 그의 충고가 그렇게 강한 힘을 발휘하지 못했을 것이다. 이것도 행복한 태도의 큰 장점 중 하나인데, 바로 다른 사람에게 좋은 영향력을 미칠 수 있다는 것이다.

Step 6 관용의 습관을 길러라

긍정적인 마음가짐은 서로 견해가 다른 사람이 함께 어울리고 일할 수 있는 융통성을 제공해준다. 우리가 살아가는 현대 사회에는 의견 차이가 심하게 날 수 있는 쟁점이 널려 있다. 그렇지만 서로 다른 점을 이해하려는 시도가 불가능한 것은 아니며, 중요한 이해관계가 걸린 문제에서 공동의 목적을 발견할 수 있도록 서로를 존중할 수 없는 것도 아니다.

우리는 자신과 생각이 다른 사람을 빈번히 만난다. 그러나 의견이 다르다고 당신이 그를 친구 명단에서 지워버린다면, 그것은 스스로 자신의 세계를 축소하는 꼴이 되고 만다. 사람들 사이에서 일어나는 많은 문제가 다른 사람이 나와 다른 의견을 내놓을 때 그것을 자기 생각에 대한 부정, 더 나아가 자신에 대한 거부로 받아들이기 때문에 일어나는 것이다.

스턴은 보험을 팔기 위해 구두 가게를 찾은 어느 젊고 패기에 찬 보험판매인의 이야기를 즐겨 회고한다. 그녀는 상사와 동행했는데 상사에게 자신이 일을 잘한다는 인상을 주고 싶어 했다. 그래서 구두 가게 주인에게 열심히 보험을 설명했지만 보험에 관심이 없던 가게 주인은 그녀의 제안을 딱 잘라 거절했다. 그녀는 화가 치밀어서 이렇게 말했다.

"이 가게에서 절대 구두를 사지 않겠어요!"

그녀의 반응을 이해 못 하는 건 아니지만 바람직하지도, 생산적이지도 못한 행동이었다. 그녀의 상사는 상점을 나오면서 가게 주인이 그래도 시간을 내서 들어주긴 했으니 그것만으로도 고마워해야 한다고 지적했다.

하지만 젊은 여성은 고마워하기는커녕 구두 가게 주인의 거절에 발끈했고, 다시는 그 가게에 얼굴도 내밀지 않았다. 이것이 바로 너그럽지 못한 태도가 낳은 대체적인 결과이며, 쌍방 모두가 마음의 높은 벽을 쌓게 된다. 이에 대해 스턴은 이렇게 말했다.

"만일 당신이 쉽게 마음에 상처를 입는다면, 당신은 자주 다른 사람의 마음을 상하게 하는 사람입니다. 당신의 부정적인 생각은 다른 사람의 생각에까지 강한 영향을 미칩니다. 그러니까 다른 사람도 당신의 부정적인 태도에 맞춰 자신의 생각을 조절하는 거지요. 반면 당신이 여간해서 마음 상하는 일이 없다면 당신은 긍정적이고 낙천적인 인물로 다른 사람의 마음을 헤아리는 깊은 배려가 있는 사람입니다. 당신의 긍정적인 태도는 상대의 생각도 당신과 같은 방향으로 흐르게 합니다."

스턴은 또 이렇게 회고한다.

"같은 사무실을 쓰는 영업사원이 툭하면 길길이 뛰며 화내

곤 했지요. 나는 속으로 '참자, 참자, 참자!' 하고 되뇌면서 그를 상대하지 않았어요. 그러면 그는 금세 제풀에 지쳐서 조용해졌지요. 떠들다 보니 자신의 잘못을 깨달은 것이지요. 그가 조용해지면 나는 차분히 그와 얘기할 수 있었고, 문제를 해결할 수 있었어요. 누가 화낼 때 덩달아 화내서는 안 됩니다. 그러면 상황을 지배할 수 없어요."

스턴은 강한 신념을 지니고 있다. 그는 오랫동안 공화당에서 활발한 정치활동을 펼쳤는데 자신이 지지하는 것을 위해 열심히 뛰어면서도, 정치색깔이 다르다는 이유로 공동의 이익을 추구할 수 있는 사람을 거부하지는 않았다.

그가 제시 잭슨 목사의 푸시(PUSH : People United to Save Humanity, 인간성 구원을 위해 뭉친 사람들)를 후원해왔다면 놀라운 일일까? 그렇지 않다. 스턴은 아프리카 출신의 미국인들에게 열심히 일하고 뛰어난 사람이 되라고 독려하는 잭슨 목사를 존경하며, 푸시에 자신의 개인 재단이 소유한 조직 관리와 기금 마련에 대한 전문 지식을 제공했다.

이런 것이 바로 관용이 만드는 다리다. 스턴은 자신은 보수적인 백인 공화당원, 잭슨 목사는 진보적인 흑인 민주당원이라는 입장에서만 생각하지 않고, 둘 다 사람들의 정신을 일깨우는 사명을 띤 인간이라고 생각했다.

이 두 지도자는 의견이 같을 때보다 의견이 다를 때가 더 많았을 것이다. 하지만 이들이 의견 차이를 극복하고 함께 일함으로써 많은 사람이 더 나은 삶을 누리게 되었다. 만일 지금 당신이 누군가와의 의견 차이로 머뭇거리고 있다면, 스턴이 다른 사람에 대한 불만을 처리하는 방법을 본보기로 삼아라.

당신과 불화가 있는 그 사람의 다섯 가지 장점을 들어보라. 그리고 그 다섯 가지 장점만으로도 당신이 그와 함께 일해 공동의 이익을 창출할 수 있지는 않은지 생각해보라. 관용을 당신의 긍정적인 습관으로 삼으려면 이런 노력이 따라야 한다.

Step 7 자신에게 긍정적인 암시를 하라

만일 당신이 W. 클레먼트 스턴과 처음 만나 악수를 하며, "어떻게 지내십니까?"라고 묻는다면 나는 그가 뭐라고 대답할지 정확히 안다. 그는 활력과 흥분이 넘치는 목소리로 이렇게 대답할 것이다.

"건강하고, 행복해요. 아주 최고예요!"

스턴은 끊임없이 긍정적인 자기암시를 한다. 오랜 세월을 긍정적인 마음가짐으로 무장한 채 살아왔으면서도 아직도 날마다, 그리고 기회가 생길 때마다 긍정적인 마음가짐을 강화한다.

스턴은 이렇게 말한다.

"나는 잠자리에 들기 전에 무릎을 꿇고 기도를 올립니다. 오늘 밤도 단잠을 푹 자고 내일 아침 원기 왕성한 상태로 깨어나게 해달라고, 만일 꿈을 꾼다면 나의 목적을 이루는 데 도움이 되는 아름다운 꿈을 꾸게 해달라고 기도합니다."

긍정적인 마음가짐이 있다면 우리의 마음이 생각하고 믿는 것을 이룰 수 있다. 우리에게는 마음에 지닌 생각과 태도를 물리적 현실로 옮겨놓는 힘이 있다. 우리가 부와 성공에 대한 생각을 하면 부와 성공을 얻게 되고, 가난과 실패에 대한 생각을 하면 가난하게 되고 실패하게 된다. 두 상반된 생각이 현실에 나타나는 데 걸리는 시간은 똑같다. 그러니 자신에 대한 태도가 너그럽고 타인에 대한 태도가 자비롭다면 긍정적인 결과를 현실로 이뤄낼 수 있다.

여기에서도 좌우명이 중요한 역할을 한다. 좌우명은 필요한 시기에, 예를 들면 두려움을 이기고 싶다거나 어려움에 맞설 용기를 얻고 싶다거나 불리한 상황을 유리하게 만들거나 더 높은 곳을 향해 매진할 때, 심각한 문제를 풀 때나 자신의 감정을 다스리고자 할 때 번개처럼 머리에 떠오른다.

스턴은 좌우명의 힘을 강화하기 위해 종종 큰소리로 반복하고는 했다. 이 효과가 주위 사람에게까지 퍼져나가기를 원했기에 다른 사람도 들을 수 있도록 한 것이다.

《세상에서 가장 위대한 세일즈맨》이라는 책을 쓴 오그 맨디노는 스턴과 내가 공동 창간한 〈무한한 성공〉이라는 잡지의 편집자로 일한 적이 있다. 그는 열정적이고 영감을 주는 작가이기는 했지만, 초기에는 출판에 대한 경험 부족으로 문제가 좀 있었다. 한번은 비용이 많이 드는 실수를 저지른 뒤, 자기 잘못을 깨닫고 스턴을 찾아가 그 일을 보고했다.

"오, 그것참 굉장하군."

스턴은 맨디노의 실수로 허비한 비용보다 그 일로 인해 맨디노가 중요한 교훈을 얻었다는 사실을 더 높이 샀다. 그는 맨디노가 똑같은 실수를 다시는 저지르지 않으리라는 것과 자신이 무엇을 배워야 하는지 깨달았기 때문에 다른 실수를 피할 수 있으리라고 확신했다.

실패를 경험하고 나서 자신에게 긍정적인 암시를 보낸다면, 당신은 "모든 역경에는 그와 대등하거나 그보다 큰 이익의 씨앗이 들어 있다"는 좌우명의 위력을 깨닫는 첫발을 떼는 것이 된다. 스턴은 이렇게 말했다.

"나는 참 행운아입니다. 다른 사람이 해결할 수 없다고 말하는 문제를 많이 갖고 있으니까요. 긍정적인 마음가짐으로 무장하고 나의 목적에 집중하면 그 문제를 나의 강점으로 바꿀 수 있으므로 행운아지요."

스턴은 브롱크스에 있는 비행 청소년을 위한 단체를 방문하여 이제 막 6개월간의 직업훈련을 마친 소녀들을 모아놓고 강연을 하게 되었다. 소녀들은 흥분되면서도 한편으로는 초조한 눈치였다. 그도 그럴 것이 아무도 직업을 가져본 적이 없었고 면접 경험조차 없었기 때문이다.

스턴은 신문 파는 일부터 시작한 자신의 이야기를 곁들여 긍정적인 마음가짐이 자신의 성공을 어떤 식으로 도왔는지 들려주었다. 그는 긍정적인 마음가짐을 활용하는 법을 배우면 누구나 자신이 원하는 직업을 가질 수 있다고 말했다.

"여러분이 첫 면접에서 떨어진다고 해도 긍정적인 마음가짐은 그 실망을 긍정적인 경험으로 바꿔줄 것입니다."

그러자 한 소녀가 물었다.

"일자리를 얻지 못한 것이 어떻게 긍정적인 경험이 될 수 있나요?"

스턴이 대답했다.

"그건 매우 긍정적인 경험이 될 수 있어요. 어쨌거나 여러

분은 면접을 마친 것이니까요. 그래서 다음엔 면접이 어떤 식으로 진행되리란 걸 알 수 있지요. 그러면 덜 긴장하게 되죠. 실수를 범했다면 그 실수를 통해 교훈을 얻을 수가 있지요. 그러면 다음에는, 아니면 그다음에는 최선을 다할 수 있을 것입니다. 최선을 다할 수 있다는 것, 그것이면 충분합니다. 이 회사에서 뽑아주지 않으면 다른 회사에서 뽑아주리란 걸 스스로 알게 되니까요."

스턴은 강연을 끝내고 나가면서 소녀들에게 큰소리로 이렇게 외치게 했다.

"나는 할 수 있다!"

"지금 당장 하라!"

"나는 건강하고, 행복하다. 아주 최고다!"

소녀들은 첫 면접에서 모두 성공하지는 못했지만 마침내 다들 좋은 직장을 구했다.

자신에게 긍정적인 암시를 하는 것은 기만도, 진부한 감상도 아니다. 당신이 스스로 하지 않는다면 누가 해주겠는가?

기도의 힘을 이용하라

당신은 앞에서 소개한 이야기들 가운데 몇 가지가 기도에 관한 것임을 알고 있을 것이다. 기도는 고도로 농축된 긍정적인 마음가짐의 표현이며 실제로 많은 응답이 이루어진다.

스턴은 기도에 임하는 중요한 자세를 담은 제임스 매킨토시 경의 명언에 찬사를 보내는데, 그 내용은 이러하다.

"우리가 가진 것에 만족하는 것은 옳으나, 결코 현재의 자신에 만족해서는 안 된다."

자신이 가진 것에 만족한다는 것은 더 나은 것을 위한 노력을 중단한다는 의미가 아니다. 자신의 인생에 부여된 좋은 일을 인정하고 감사한다는 뜻이다.

좋은 일을 의식적으로 인정한다는 것은 그 어떤 것도 당연하게 여기지 않는다는 의미다. 배우자와의 관계, 건강한 몸, 좋은 친구를 가신 것에 늘 고마움을 표현한다면 그것의 소중함을 간과하거나 소홀히 할 수 없다.

바로 그런 이유로 스턴은 회의를 하거나, 강연을 하거나, 중요한 결정을 내리기 전 반드시 기도를 한다. 기도는 그와 자신에게 가장 중요한 것들 사이를 연결해주기 때문이다. 그에게 가장 중요한 것은 돈을 버는 것이 아니라 인간의 본질과 그가 소중히 여기는 사람들이다.

그는 기도의 힘을 바탕으로 자신이 소중하게 여기는 긍정적인 원천을 갈고닦아 자신의 사업과 개인적인 삶을 이끌어갔다. 스턴이 자신에게 가장 중요한 것과 합치되는 결정을 내릴 수 있도록 기도가 도와준 것이다.

우리가 어렵게 느끼는 것 가운데 대다수는 자신이 소중히 여기는 두 가지, 이를테면 사업상의 기회와 현재의 경제적 안정 중에서 하나를 선택하는 것이다. 그러나 간절하게 기도하고 자신의 원칙과 상황을 인정한다면, 과감하게 전진할 것인지 아니면 모험을 하기 전에 준비를 더 할 것인지 결정할 수 있는 지혜를 얻을 것이다.

명심하라! 긍정적인 마음가짐은 무조건 밀어붙이기식의 맹목적인 태도가 아니다. 스턴도 이렇게 말했다.

"긍정적인 마음가짐이란 주어진 상황에 대한 가장 바람직하고 정직한 생각, 행동 혹은 반응이다."

따라서 그것은 충분한 준비가 될 때까지 기다리는 것을 의미할 수도 있다. 기도는 당신의 인생에서 수정이 필요한 부분을 짚어내며, 수정에 들어갈 때도 큰 도움이 된다.

"우리는 결코 완벽에 이를 수 없다는 걸 알고 있지만, 완벽을 위해 매진해야만 그것에 가까이 갈 수 있다는 사실도 알고 있다. 긍정적인 마음가짐을 지니고 영감을 주는 불만족을 느끼는 사람만이 자신과 우리의 세계를 더 나은 곳으로 이끌 수 있다."

스턴은 이런 말도 했다.

"감사의 기도를 드리는 것은 좋은 일입니다. 그러나 여러 해 전에 난 그것만으로는 충분하지 못하다는 결론에 이르렀지요. 진심으로 하나님께 감사하고 있다면, 자신이 가진 시간과 전문 지식을 다른 사람과 나누어 감사한 마음을 증명해야 합니다. 수확을 위해 씨앗을 뿌리는 농부처럼 말이죠."

다시 말해 기도에 따라 실천하며 사는 것은 기도를 올리는 것만큼이나 중요하다. 만일 용기를 달라고 기도한다면 이미 용기를 얻은 것처럼 행동해야 한다. 기회를 달라고 기도한다면 기회가 왔을 때 꼭 잡아야 한다. 그리고 또 한 가지 중요한 것은 다른 사람과의 나눔을 통해 자신이 받은 은총에 대한 감사의 마음을 표현해야 한다.

스턴은 한편으로는 자선단체와 불우한 이웃에게 아낌없이 베풀고, 다른 한편으로는 되도록 많은 사람에게 PMA를 전파하고자 노력하면서 늘 그것을 실천해왔다.

한 친구가 스턴에게 나의 책《생각하라, 그러면 부자가 되리라》를 빌려줬을 때 그는 이미 긍정적인 태도의 위력을 굳게 믿고 있었다. 스턴은 긍정적인 태도에 대한 나의 글에 크게 감명받아 즉시 회사의 모든 세일즈맨에게 그 책을 한 권씩 선물했다.

스턴은 이렇게 회고했다.

"만세! 대성공이었어요. 환상적인 일이 일어나기 시작했지요. 우리 회사의 세일즈맨들이 최우수 세일즈맨이 되었어요.

매출과 수익이 늘었지요. 부정적이던 그들의 태도가 긍정적으로 바뀐 덕분입니다."

그러나 스턴이 긍정적인 마음가짐의 은총을 나누는 참된 방법에 대해 깨달은 것은 그로부터 15년 뒤였다. 그의 친구가 나의 오찬 강연에 그를 초대했다. 그때 나는 은퇴한 상태였지만 시카고까지 날아가 강연을 했다. 오찬이 끝난 뒤 스턴과 대화를 나누었다. 스턴은 나에게 다시 세상으로 나와서 긍정적인 마음가짐에 대한 강연과 저술 활동을 계속하라고 열심히 권했다.

"그렇다면 한 가지 조건이 있어요. 당신이 나의 매니저가 되어 준다면 해보지요."

이것이 나의 대답이었다.

그래서 우리 두 사람은 손을 잡고 10년 동안 홍보 영화를 제작하고 홈스터디 프로그램과 재소자를 위한 프로그램을 만들고 공동으로 책도 냈다. 수천 명의 사람이 PMA를 실천하도록 도운 것이다.

이 이야기는 매일 기도하며 은총에 대해 감사한 마음을 행동으로 실천한 완벽한 예다.

스턴은 이렇게 말한다.

"나는 한 개인이 받기엔 너무 과한, 누구도 기대할 수 없었던 많은 은총을 받았다고 생각합니다. 감사의 기도는 얼마든지 올릴 수 있고 실제로 그렇게 하고 있습니다. 그러나 그것만으로론 부족하다고 생각하여, 나보다 은총을 덜 받은 사람에게 나의 은총을 나눠 지상에서 주님의 일을 돕기로 했지요.

우리 가운데 많은 사람이 아침 기도, 밤 기도, 식사 전후의 기도를 통해 감사를 드리지요. 그들이 기도로만 그치지 않고 행동에 나서서 자신의 은총을 나누고, 자신의 경험, 지식, 이상 혹은 부의 일부를 나눈다면 어떻게 될까요? 내가 원하는 건 세상을 바꾸는 것뿐입니다. 그게 다예요. 지금 이루어지고 있는 중이에요."

Step 8 목표를 세워라

이 책을 읽으면서 PMA는 단순히 태도만을 말하는 것이 아니라, 그 태도를 바탕으로 실천하는 '행동'까지도 포함한다는 것을 알았을 것이다.

PMA의 활용에서 가장 중요한 단계는 당신이 추구할 목표를 세우는 것이다. 목표가 없다면 강력한 엔진을 만들어놓고 그것을 차에 장착하는 걸 잊어버린 것이나 다름없다. 무한한 잠재력을 손에 쥐고 있으면서도 제자리걸음만 하는 꼴이다.

스턴의 말을 들어보자.

"긍정적인 마음가짐을 명확하고 구체적인 목표와 결합하는 것이 모든 성공의 출발점이지요. 세계는 당신이 변화시키려고 하든 안 하든 변화할 것입니다. 다만 당신에겐 그 변화의 방향을 선택할 힘이 있다는 것이지요. 당신은 자신의 목표를 선택할 수 있습니다."

오랜 세월 영업사원들을 훈련해온 스턴은 이런 믿음을 갖고 있다.

"자신의 세계에 만족하지 못하는 100명 가운데 98명은 마음속에 자신이 원하는 세계에 대한 뚜렷한 그림이 없어요.

생각해보세요! 불만을 가득 품고 삶을 사는 사람들, 분명한 목표도 없이 무수한 일과 씨름하는 그들을 생각해보세요. 목표를 정하기가 쉽지 않을 수도 있어요. 거기엔 고통스러운 자아 성찰의 과정이 따를 수도 있어요. 하지만 그런 수고는 헛되지 않습니다. 목표를 정하는 즉시 많은 혜택을 기대할 수 있으니까요. 이 혜택은 거의 자동으로 얻게 됩니다.

사람은 자신이 원하는 것이 무엇인지 알게 되면 바른길로 들어서고 바른 방향으로 가고자 하는 성향이 있지요. 행동에 들어가는 겁니다. 행동이 핵심이죠. 행동이 따르지 않는 정보와 아이디어는 겨울잠을 자고 있는 것과 같습니다.

목표를 세우면 목표를 이루기 위해 대가를 치를 의욕이 생기지요. 필요한 시간과 돈을 할당합니다. 공부하고, 생각하고, 되도록 날마다 계획을 세우면서 목표 달성을 위한 원칙을 습득하고, 그 원칙을 실행에 옮기죠.

자신의 목표에 대해 많이 생각할수록 그만큼 더 열정적으로 변합니다. 그래서 단순한 소망이 불타는 열망이 되지요. 그러면 일상 속에서 나타나는 기회에 민감해지고, 자신이 무엇을 원하는지 알기 때문에 기회를 알아보기도 더 쉬워집니다.˝

스턴의 사업 성공에는 목표 설정이 큰 역할을 했다. 그러나 목표 설정이 가장 중요한 역할을 했던 건 그의 사업뿐 아니라 미국 경제 전체가 위기에 빠진 때였다.

미국에 경제공황이 닥쳤을 때 스턴의 보험회사는 번창하고 있었다. 그러나 몇 년에 걸쳐 실업률이 급격히 높아지면서 보험 판매도 급감했다. 스턴의 회사에서 일하던 수많은 영업사원이 많은 돈을 벌 수 없다는 생각만으로 직장을 그만 두고 퇴사를 했다.

이때 스턴은 스스로 네 가지 목표를 세워 이에 대응했다.

1. 개인영업을 통해 가능한 한 많은 수입을 올린다.
2. 계속해서 영업사원을 뽑는다.

3. 새로 들어온 영업사원을 훈련해 나보다 뛰어난 능력을 발휘하도록 만든다.
4. 체계화된 판매기록시스템을 만들어 전국 각지에서 우리 회사의 소득을 일목요연하게 알 수 있도록 한다.

많은 사업체가 도산하고, 미국이 과연 몇 해 전에 누리던 번영을 다시 구가할 수 있을지 회의가 드는 시기였기 때문에 스턴의 목표는 야심 찬 것이었다. 판매기록시스템을 고안하기 위해 랜드 맥넬리를 고용했지만, 나머지 세 개의 목표는 스턴 자신에게 달려 있었다.

스턴은 차를 몰고 전국을 돌며 자사 영업소를 찾아가, 영업사원들과 현장을 다니며 몸소 영업 기술을 보여주었다. 그렇게 다니면서 아직 영업망이 없는 지역에서는 새로 영업사원을 뽑았고 신입 영업사원과 종일 함께 보험을 판 다음, 그날의 수수료는 모두 그 영업사원에게 주어 사기를 높였다. 그렇게 스턴의 사업체는 경제공황기를 굳건히 버텨냈고 다시 성장했다.

스턴과 영업사원들은 그 시절 누구보다 많은 수입을 올렸다. 만일 스턴이 시카고에 앉아 채권자들과 사표를 던지는 영업사원들 때문에 걱정만 하고 있었다면 결코 성장할 수 없었을 것이다.

이제 당신은 목표를 세워야 하는데, 단기 목표와 장기 목표를 세워야 한다. 이 두 가지 목표는 신념에 찬 행동을 통해 현실로 이루어질 것이다. 자신을 얕보지 마라.

Step 9 공부하라, 생각하라, 그리고 계획하라

스턴은 샤워보다는 욕조에서 목욕하는 것을 선호한다. 샤워가 더 빠르지만 스턴은 아침마다 대리석 욕조에 따끈한 김이 오르는 물을 가득 받아서 몸을 푹 담근다. 명상하기 좋기 때문이다.

긍정적인 마음가짐으로 목표를 이루겠다는 야망이 활활 타오르면 쉬지 않고 뛰고, 또 뛰어야 한다고 생각할 수도 있지만 그렇지만은 않다. 성공을 향한 행동에 몰두하는 것도 좋지만, 깊은 사색의 시간을 갖는 것도 중요하다.

영국의 시인 바이런은 《돈주안》이라는 서사시에 이렇게 썼다.

"작은 잉크 한 방울이 하나의 생각 위로 이슬처럼 떨어져… 수천 혹은 수백만의 생각을 낳고…."

이처럼 독서와 공부를 통해 접하는 새로운 생각은 긍정적인 마음가짐의 배양에 중요한 역할을 한다. 책 속에서 만난 새로운 아이디어는 당신을 고무시키기도 하고, 당신이 잊고 지냈던 귀중한 가치를 일깨워주기도 한다.

스턴은 자신이 읽은 책들을 다른 사람에게 열심히 권했다. 그중에는 《생각하라, 그러면 부자가 되리라》 같은 영감을 주는 책뿐만 아니라 역사서, 사회분석서, 소설도 있다. 그는 늘 자신이 활용할 수 있는 새로운 아이디어를 자기 것으로 흡수하고 자신과 관련시키는 적극적인 정신의 소유자였다. 그래서 언제나 유연하고 날카로운 감각을 지닐 수 있었다.

나는 스턴보다 더 훌륭하게 긍정적인 마음가짐의 원칙을 구현한 사람을 알지 못한다. 그는 무수히 많은 사람을 돕는 일에 헌신하고, 그 결과 성공을 누린 위대한 인물이다.

이 책에서 그의 일면들을 소개한 것은 그에 대한 찬사의 뜻이 아니라, PMA의 참된 활용사례를 보여주기 위함이다. 당신은 스턴의 삶을 통해 신문을 팔든, 어린이들에게 강연을 하든, 아니면 회사를 경영하든, PMA의 힘이 어마어마하다는 걸 보았을 것이다.

앞으로 PMA를 가지고 어디로 가든 그것은 전적으로 당신에게 달려 있다. 그러나 당신은 스스로 목표를 세우고, 그 목표를 이루기 위해 당신의 삶에서 단 한 가지만 바꾸면 된다. 그것은 바로 당신이 만나는 모든 사람과 모든 일에 대해 당신의 태도를 더 긍정적으로 바꾸는 것이다.

긍정적인 마음가짐의 힘은 어마어마하다.
그것은 당신이 원하는 곳 어디라도 데려다줄 수 있다.
그것은 헤아릴 수 없이 많은 평범한 사람이
부와 행복, 성공의 자리로 올라서도록 돕는
든든한 디딤돌이다.

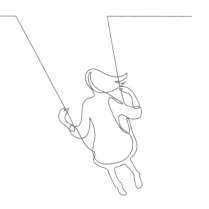

| 에필로그 |

당신은 이제
어디로 가는가

──── 당신은 해냈다! PMA에 관한 이 책을 읽으면서 당신의 정신력은 이미 당신을 위해 일하기 시작했다. 당신은 이 책을 읽는 동안 자신의 긍정적인 마음가짐과 그것이 당신을 위해 무엇을 해줄 것인지에 대해 생각했을 것이다. 그리고 당신은 이미 자신에 대해 더 좋은 느낌을 갖게 되었을 것이다.

또한 다른 사람도 그것을 감지하여, 당신이 이제 자기 인생의 주인이 되어 감정과 태도를 다스리는 사람이 되었음을 깨닫고, 존경하는 태도로 당신을 대할 것이다.

이 책에서 소개한 9단계를 읽으면서 당신은 그것들이 하나로 융합되어 있음을 느꼈을 것이다. 각 단계는 마치 실처럼 모여 PMA라는 삶의 옷감을 짠다. 오늘부터 PMA를 활용하기 시작하라. 날마다. 모든 일에서.

당신은 이제 어디로 가는가? 힘과 목적이 있는 삶으로, 긍정적인 마음가짐에서 오는 만족과 즐거움이 가득한 삶으로 즐거운 여행을 하기 바란다.

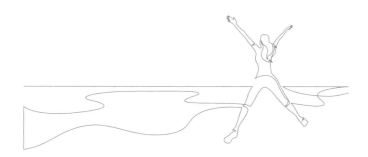

자신을
올바로 다스리는 법

나폴레온 힐은 성공의 비밀을 알아내는 연구에 일생을 바쳤고 그것을 하나의 학문으로 집대성한 '성공학' 창시자다. 그의 성공학은 철강왕 앤드류 카네기를 비롯한 500여 명의 미국 최고 부자를 인터뷰하고 연구한 토대 위에서 이루어진 현실적인 학문이며, 현대의 모든 성공철학은 그의 성공학에 뿌리를 두고 있다.

나폴레온 힐은 여러 저서와 강연을 통해 자신의 성공학을 널리 알려, 역사상 가장 많은 사람에게 성공철학을 전파한 인물로 평가받는다.

이 책은 나폴레온 힐의 성공학 핵심인 긍정적인 마음가짐인 PMA에 관한 책으로, 긍정적인 마음가짐을 기르고 지키는 9단계 원칙과 그 실천방법을 소개하고 있다.

긍정적인 마음가짐은 단순히 낙관적인 인생관을 말하는

것이 아니라 '정직하고 균형 잡힌 사고방식', '성공적인 의식', '삶을 포용하는 철학', '바른 행동과 반응을 하는 능력'이라는 4중의 의미를 지니는 '건강과 부와 성공을 보장하는 마음가짐'이다. 그리고 그 9단계 원칙은 우리가 이미 그 가치를 알고는 있으나 동기의 결여나 의지력 결핍 혹은 나태함 때문에 실천하지 못하고 사는 보석 같은 진리들이다.

현대인은 '부'와 '성공'을 삶의 목표로 삼고 살아간다. 그러나 진정한 '부'와 '성공'은 어떤 것인지, 그것을 왜, 그리고 어떤 식으로 이루어야 하는지에 대한 이해와 반성이 부족하다 보니 무조건 높이 오르고 무조건 많이 벌고 보자는 강박증에 사로잡혀 결국 실패한 인생을 사는 경우가 허다하다.

올림픽 메달리스트의 빛나는 메달, 피아니스트의 화려한 무대, 성공한 사업가의 돈과 명예만을 부러워하고, 그들의 피와 땀은 외면하다 보니 노력도 하지 않고 허상만 좇다가 쉽게 좌절하기도 한다.

그렇다면 진정한 성공은 무엇이며, 어떻게 이루어야 할까? 나폴레온 힐은 성공을 이루려면 우선 자기 마음의 주인이 되라고 강조한다. 진정한 성공은 요행으로 얻어지거나 남을 밟고 올라서서 강탈하는 것이 아니라, 자신을 잘 다스려서 자신의 힘으로 만들어가는 것이라고 말한다. 성공의 근본은 정신력이며, 육체와 마찬가지로 정신도 부단한 단련을 통해 힘을 키워야 한다고 조언한다.

그가 제시한 긍정적인 마음가짐의 9단계 원칙은 우리의 정신을 단련시키는 도구다. 그리고 이 책에는 그 도구를 생활 속에서 이용하는 방법이 친절하게 제시되어 있다.

진정한 성공을 얻고 싶은 사람, 그래서 먼저 자신을 올바로 다스리는 법을 배우고 싶은 사람이라면 이 책을 꼭 읽어보기를 권한다. 가고자 하는 길을 밝히 인도해 줄 것이다.

민승남

놓치고 싶지 않은 나의 꿈 나의 인생 ②

초판   1쇄 발행 · 1990년 7월 20일
개정 8판 1쇄 인쇄 · 2024년 12월 13일
개정 8판 1쇄 발행 · 2025년 1월 2일

지은이 · 나폴레온 힐
옮긴이 · 민승남
펴낸이 · 이종문(李從聞)
펴낸곳 · 국일미디어

등   록 · 제406-2005-000025호
주   소 · 경기도 파주시 광인사길 121 파주출판문화정보산업단지(문발동)
사무소 · 서울시 중구 장충단로 8가길 2(장충동 1가, 2층)

영업부 · Tel 02)2237-4523 | Fax 02)2237-4524
편집부 · Tel 02)2253-5291 | Fax 02)2253-5297
평생전화번호 · 0502-237-9101~3

홈페이지 · www.ekugil.com
블 로 그 · blog.naver.com/kugilmedia
페이스북 · www.facebook.com/kugilmedia
E - m a i l · kugil@ekugil.com

· 값은 표지 뒷면에 표기되어 있습니다.
· 잘못된 책은 구입하신 서점에서 바꿔드립니다.

ISBN 978-89-7425-933-4 (14320)
ISBN 978-89-7425-929-7 (세트)